"桐乡历史文化丛书"(第四辑)编委会

顾　问：盛勇军　于会游　潘敏芳　徐剑东
编　委：李新荣　李少毅　吴赟娇　褚万根　邓　雷
　　　　李国东　顾守菊　周新强　范利学

主　编：李新荣
副主编：褚万根

作　者：（以姓氏笔画为序）
　　　　孔海珠　严建平　郁震宏　钟桂松　徐玲芬
　　　　徐盈哲　潘诗雨

郁震宏　潘诗雨　著

吴之振传
WU ZHI ZHEN ZHUAN

不痛哉每揽昔人兴感之由
若合一契未尝不临文嗟悼不
能喻之于怀固知一死生为虚
诞齐彭殇为妄作后之视今
亦由今之视昔　悲夫故列
叙时人录其所述虽世殊事
异所以兴怀其致一也后之揽
者

华文出版社
SINO-CULTURE PRESS

图书在版编目（CIP）数据

吴之振传 / 郁震宏，潘诗雨著. -- 北京：华文出版社，2020.3
（桐乡历史文化丛书. 第四辑）
ISBN 978-7-5075-5247-8

Ⅰ.①吴… Ⅱ.①郁… ②潘… Ⅲ.①吴之振（1640—1717）－传记 Ⅳ.①K825.6

中国版本图书馆CIP数据核字(2019)第285871号

吴之振传

著　　者	郁震宏　潘诗雨
责任编辑	孟志成
出版发行	华文出版社
地　　址	北京市西城区广外大街305号8区2号楼
邮政编码	100055
网　　址	http://www.hwcbs.com.cn
电　　话	编辑部 010-58336239　总编室 010-58336210
	发行部 010-58336202
经　　销	新华书店
印　　刷	北京燕春印刷有限公司
开　　本	880mm×1230mm　1/32
印　　张	7.25
字　　数	150千
版　　次	2020年3月第1版
印　　次	2020年3月第1次印刷
标准书号	ISBN 978-7-5075-5247-8
定　　价	60.00元

版权所有，侵权必究

天才成群年代的受益者（代序）

吴之振（1640—1717），字孟举，号橙斋，又号竹洲居士、黄叶村农。作为清初江南诗坛的一代盟主，吴之振自然也是当之无愧的。然而仔细审视吴之振的一生，其实他并非才高八斗，也非勤学苦练，那么为何会暴得如此大名？若依我的一点不成熟的看法，则是因为生在了一个好的年代，一个天才成群的年代，得之于师友的夹辅，方才成就了他不小的名声。

先来说吴之振其人，出生于崇德县（康熙元年改名石门县）的洲泉镇（今属桐乡），后又移居于县城之西，也即吕留良家隔壁，家资富裕，藏书丰富。因偏爱苏东坡的名句"家在江南黄叶村"，故筑别墅而名之"黄叶村庄"。亭台楼榭，曲水回廊，竹洲草庐，小山丛桂，野趣与雅趣，方才成就了一名诗人，后人编其集即名之《黄叶村庄诗集》。

当然诗人与诗坛盟主并不是一回事，使得吴之振成为盟主的关键当是《宋诗钞》的刊行，以及他在诗坛上的几次重大活动。先是吴之振与其堂侄吴自牧，还有吕留良，一起选刊《宋诗钞》，收录宋诗成集者八十四家，凡九十四卷。此后又选刊了《八家诗钞》，收录时人施闰章、宋琬、王士祯、王士禄、陈廷敬、沈荃、程可则、曹尔堪共八人之诗。再是两次重大的诗歌活动，一是与梁清标、陈廷敬、王士禛、严我斯、蔡启僔等人在梁园宴饮论诗，编成了《赠行诗册》；另一是写了两首《种菜诗》，陆续邀请了吕留良、黄宗羲、冒襄、尤侗、汪琬、汤斌等人唱和，又编成了《种菜诗唱和诗册》。这几桩诗歌事件，成就了清初诗坛的许多佳话，同时也使得吴之振名垂青史。一直到三百多年之后的今天，吴之振的几番运作，依旧令人回味。

所以说，一个人的成名或者成功，关键还是要找到至少一个好朋友，再由一个而两个三个，一大群的师友，于是乎不想出名也难了。若是说吴之振，首先是因为其母亲的嘱托，结交了吕留良。吕留良之于他，其实一开始是老师，之后则是老友，与吕留良几十年的恩恩怨怨，便是吴之振人生的很大一部分。其实人与人之间，总要有些个恩怨情仇的故事才好。这些故事，旁人都是道听途说，很难知道真相。至于自己人，也即你我之间，则不可说不可说，总是哓哓然，那就成了没有意思的人了。吕留良曾为《宋诗钞》作了诗人们的小传，也为此书的搜集、选编而费心费力，加上黄宗羲、高斗魁以及吴自牧，他们一起在吕家的水生草堂谈论宋代风流，不觉间他们自己也风流起来了。后来吴之振去了北京，也即吕留良所谓的"燕中"，有人，大约是娶了江南名妓顾横波的龚鼎孳，想邀请吕留良来京评选时文，吴之振则代为推辞。后来吕留良就说了一句：深知我矣！然而，就是这么一对同诗共酒的老友，却终究还是要分手，吕留良去了城东的南阳东庄，吴之振依旧留在城西的黄叶村庄，友芳园中，南横街上，再也不见他们呼朋唤友的身影。

此处暂且摘录吴之振的几首诗,谈谈那一群人的情深谊长。吕留良经营东庄之初,吴之振自然是常客,比如这首《同用晦东庄看梅》:"隔岁心情似死灰,梅花堆里颦眉开。吹将王冕横枝下,炼得林逋断句回。已分色香难品第,不烦桃李作重台。落英和雪团成片,研入春醪饮一杯。"心似死灰,当是随着年岁的增长,对于功名看淡了点,或是面对高洁的梅花,自然也就露出一副脱俗的姿态,其实都一样,吴、吕二人,何尝不把自己比作王冕、林逋?再说当年的吕家友芳园,来的文人墨客极多,比如黄宗羲的弟弟黄宗炎(晦木),与吕留良关系极好,还有曾灿(止山)也从江西宁都慕名而来,于是吴之振写下了《同舜江黄晦木宁都曾止山饮西园次晦木留别韵》:"长昼摊书转木阴,暍来好友共登临。不将名字依刘表,合有溪山著庾禽。卖屦织帘高士传,绿樽明月故人心。何年踏浪追潮汐,一梦江头柳十寻。"天下没有不散的筵席,朋友再好也要分别,最后剩下的只有几首诗,以及梦里依稀的江头高柳。当年的诗酒酬唱,自然还有后来与吕留良龃龉的黄宗羲,他看到吴之振的《种菜诗》后,欣喜地和了一首:"吾友新开黄叶村,镢头落处句难扪。家僮已报微泉出,稚子无人见竹根。"若是翻看这一册又一册的诗集,对于当年的崇德(石门)县城内外的文人雅集,谁人不留恋?谁人不向往?

我与吴之振,同住于当年的旧县城十多年,遗憾的是"萧条异代不同时",没有办法交集,诵其诗,想其人,然而说实在的,并不能算作知其人。虽说也曾有缘见到过李邦庆老先生,他藏有吴之振的印章、字画等故物;还曾拜读过徐正先生整理的《吴之振诗集》，然而终究还是隔了几层，故所知甚少，遗憾依旧。幸而如今有了老友郁震宏与才女潘诗雨合著的《吴之振传》，则当年的黄叶村庄，以及成群的天才们的潇洒风神，可得而再现矣！故于欣喜之余，不揣浅陋，佛头着粪，聊供诸君一笑耳！

是为序。

张天杰
己亥年秋于杭州仓前

目 录

天才成群年代的受益者（代序）/ 张天杰

第一章	八百祇园千年吴，风雨江山叹摇曳	001
第二章	童年曾赋海棠诗，偶遇天随叹绝奇	013
第三章	手挟诗抄万卷走，重来辇毂听霜钟	029
第四章	十七从君学赋诗，廿年霜雪枉披襟	072
第五章	扁舟一棹归何处，家在江南黄叶村	088
第六章	粱肉宁如藜藿尊，高蹈林下作闲人	112
第七章	关得双扉坚似铁，不容俗物浪相干	137
第八章	孟举肝肠雪霜白，博施济众美名传	155
第九章	招携同入江西社，俗眼何曾别爱憎	173
第十章	懒闻时事只题诗，生死幻化归空无	197

第一章 八百祇园千年吴,风雨江山叹摇曳

一

桐乡市洲泉镇,是浙西地区的文化名区。洲泉有一个古地名,叫"洲钱",唐朝末年即已出现,一直到元朝的《至元嘉禾志》里,写的还是"洲钱"。钱,本义是一种农具,相当于桐乡人说的"铁镈"。因为钱、泉两字古代音同通用,所以后来慢慢写成了"洲泉",大概始于明代,一直通用至今。洲泉,又名"相洲""相州",因南宋丞相赵汝愚出生于此得名,故又雅称"相溪""湘溪"。

洲泉,地处桐乡西北部,老底子是归安、德清、崇德三县交界之区,境内荡漾丛杂,又无官塘大道,距新市、大麻两地的运河都有一定距离,环境偏僻,交通不便,易于藏污纳垢,孳生盗匪。因此地方上有"走到天边,难到洲泉。到了洲泉,苦如黄连"的老古话,堪与安徽黄山俗话"前世不修,生在徽州;十三十四,往外一丢"并称于世。

洲泉一带,在人文方面,有一句老古话非常有名,叫"八百祇园,千年吴氏",其重心在后一句,显示了吴氏家族定居洲泉的悠久历史。这句话的来源非常古老,明末吴沛然(1542—1612)《南吴谱序》中即已出现。

那么，吴氏家族定居洲泉是从什么时候开始的呢？这要从祇园寺说起。按《至元嘉禾志》记载，洲泉祇园寺，始建于梁武帝天监年间（502—519），即公元六世纪之初。下推八百年，"八百祇园，千年吴氏"这句老古话，其形成时间，至少不会晚于公元十四世纪，也即元朝初年。倘若这句老古话可信，则吴氏家族定居洲泉至少不会晚于公元四世纪，甚至更早。

洲泉吴氏，地方上至今还叫"千年吴"，相传始祖是西汉的河南守吴公。吴公，是西汉文学巨匠贾谊的恩人，又是秦朝丞相李斯的学生。《史记·屈原贾生列传》载：

> 贾生名谊，洛阳人也，年十八，以能诵诗属书闻于郡中。吴廷尉为河南守，闻其秀才，召置门下，甚幸爱。孝文皇帝初立，闻河南守吴公治平为天下第一，故与李斯同邑而常学事焉。乃征为廷尉，廷尉乃言贾生年少，颇通诸子百家之书，文帝召以为博士。

从这段记载可见，吴公与李斯同邑，而且又是他的学生。李斯是上蔡人，吴公当然也是上蔡（今属河南省）人了。

吴公是一个了不起的人物，但有关他的记载，也只有《史记》里的这一段。洲泉吴氏的家谱，说吴公是洲泉人，墓也在洲泉，不知从何而来？这样的说法，开始是口耳相传，慢慢进入了家族谱牒、文人集部。明清两代有关洲泉吴氏名人的墓志铭、墓表之类，大多采用了这种说法，吴之振就有"汉廷尉吴公后裔"的印章。看起来似乎凿凿有据，其实这种说法缺少史料佐证，

不足采信,甚至连吴氏族人也并不一定相信,比如吴人杰写于万历四十四年(1616)的《续修族谱序》中就说:

> 汉文时有吴廷尉者,治平号称第一,说者以为家于是,茔于是,今岂其苗裔欤?然亦不可考。

"然亦不可考",这种阙疑的态度非常好,不滥攀名贤,是一般家谱中少见的现象,值得点赞!明清两代的谱牒,大多有攀附名贤以见其遥遥华胄的毛病,这是一个特别常见的现象,能够像吴人杰这样提出疑问的,反而不多见。

洲泉吴氏,宋朝、明朝时候都发生过重大的家难,所以早期的家谱已经遗失不全。从明末所修的家谱,到清末的《洲钱吴氏宗谱》,都以南宋时期的吴绳翁为第一世祖,绳翁以上,世系不可考,一概不记;绳翁以下,世系清晰,事迹亦多表表可见,确实是一部家族信史。这样的做法,是非常严肃可靠的。《洲钱吴氏宗谱》堪称非常优秀的谱牒。

从宗谱来看,洲泉吴家走上仕途,是在南宋末期。吴家有一句老古话,叫"十一主簿,十三作县",这两个人,都是吴绳翁的五世孙,一个排行十一,官主簿;一个排行十三,官至知县。

"十一主簿",名字失传,他的后代非常兴旺,到了明清两代,出过很多名人,比如吴之屏、吴尔埙、吴自牧、吴之振、吴震方、吴伯滔、吴待秋等皆是。十一主簿的二儿子,名字也失传,因为在元朝初年做司令一职,家谱上便叫他"二司令"。

"十三作县",名叫吴林(1226—1298),字德夫,号南隐,仕承节郎，监宜兴县事。去世后，葬在南庄。南庄，是吴家的祖坟地，吴林的先世即葬于此，至今还有"坟桥头"的小地名。

南庄，至今还在用，是一个历史久远的地名，其名义跟洲泉吴家有关。吴林别号"南隐"，或即隐居南庄的意思。洲泉一带，按《洲钱吴氏宗谱·见闻记》记载："自汉历唐宋间，多显达者，田宅浸广，饶园林池馆之胜。"诸如花园村、吴家田塍、吴家浜、吴家横头、南庄、北庄、西庄、东田、大吴村等，本来都是吴家的庄园，其地名都因此而起。尽管洲泉吴氏家族出自西汉吴公的说法并不可信，但这个家族确实是南宋以来的地方大族，当自可信。

洲泉吴家最为鼎盛的时期，当属明末清初，出了吴之屏（1591—1665）、吴尔壎（1621—1644）、吴震方祖孙父子三代进士。吴之屏官至都御史、福建巡抚，明朝灭亡后退隐家乡。吴尔壎佐史可法守扬州，誓与扬州同存亡，用刀砍断了一个指头，请朋友海宁祝开美带回洲泉埋葬，这就是洲泉人熟知的"一指坟"的由来，他本人则牺牲在扬州之难中。关于吴尔壎的事迹，下面再说。

吴震方是吴尔壎的小儿子，康熙年间的进士，著有《晚树楼诗稿》《读书正音》。又刻有《说铃》一书。吴震方的《读书正音》是一本小学音韵之作，虽不十分精审，却是桐乡地区音韵学研究的先驱。吴震方是吴之振的侄孙，但两人年龄相仿，关系特别要好。

明末清初，吴家在文化史上最有影响的人物，毫无疑问是本书的主角——吴之振（1640—1717）。这里简单介绍一下吴之振的上代及其姻亲网络，从中可见吴氏家族的文化底蕴。吴之振能够成为清初一代诗宗,与他的家族是密不可分的。

吴之振的祖父吴沛然,娶安丘(今崇福镇民利村)劳氏,劳夫人(1541—1576)生了一子一女,年纪轻轻便去世了。劳

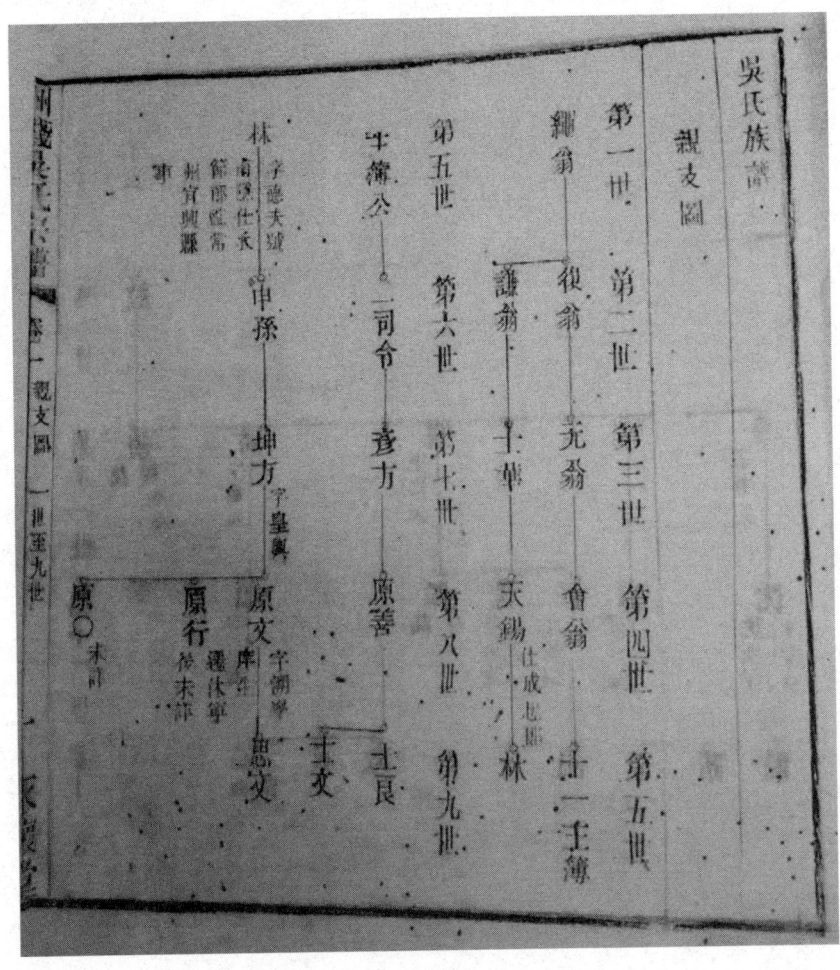

吴氏族谱

夫人的女儿嫁给芝村郑仲卿；儿子吴尚伦（1561—1627），在传统社会来说，是一个特别有福气的人，他的儿子吴之屏、孙子吴尔埙、曾孙吴震方，三代都考中进士。

吴尚伦有两个女儿，长女嫁给劳俶昭，劳俶昭是山东巡抚劳永嘉的亲侄子。次女嫁给安丘陆之纪。陆之纪的祖父陆典，字以建，号仰峰，万历二十九年（1601），与劳永嘉同榜进士，官至广东按察副使。陆典是许敬庵的学生，与刘宗周同学，是明代哲学"阳明学派"的重要人物。

劳夫人去世后，吴沛然又续娶费夫人（1558—1617），这便是吴之振的嫡亲祖母。费夫人是羔羊人，她的叔叔费洵、弟弟费彦方都是举人老爷。费夫人生了三子一女，女儿嫁给沈如璋，沈如璋的父亲沈宏，嘉靖十四年（1535）进士，官至广东按察使。

费夫人的三个儿子，分别为吴尚德（1581—1642）、吴尚思（1599—1649）、吴尚履（1606—1671）。这三位以及他们的子女，都与当时地方名门望族结亲，构筑了一张特别强大的姻亲网络。其中，吴尚德的女儿，也就是吴之振的堂姐，嫁给嘉兴沈思孝的孙子。沈思孝，是明代名臣，《明史》有传。

吴之振的父亲吴尚思，字稚勤，号斯可，庠生，他的年纪，已经比他的大哥吴尚伦小了三十八岁。他先娶石门镇贡生张洪儒之女张氏（1598—1627），张氏一连生了四个女儿，三十岁即去世了。吴尚思续娶青石人范氏，生了一女、一子。这个儿子，就是吴之振。吴尚思去世时，五十一岁，吴之振只有十岁。早年失父的经历，对吴之振的一生有着特殊的影响。

吴之振一生，功名仅至贡生，官衔也只是一个从七品的"内阁中书科中书舍人",但因诗、书、画三绝,又兼一县首富,乐善好施,闻名海内。又与吕留良选刻《宋诗钞》,对清初诗风转移起到了巨大推动作用,其影响一直至清末。综其一生,真的是一个大玩家,玩一行像一行,叫人钦佩不已。他与张履祥、吕留良堪称明末清初桐乡文坛的三驾马车!

二

考虑到吴尔埙对洲泉吴氏家族以及吴之振精神世界的特殊意义,这里再略作介绍。千年吴家,从南宋到明清,都是洲泉第一望族,人才辈出,但列传于"二十四史"者,只有吴尔埙一人。

吴尔埙,福建巡抚吴之屏长子,字伯吹,一字介子,少即聪颖,有"文阵雄狮"之称。十三岁入县学,十九岁中举人。崇祯十六年(1643)考中进士,时年二十三,授翰林院庶吉士。

吴尔埙的考试仕进之路,可谓一帆风顺,然而当时明朝气数将尽,西有李自成日渐逼近,北有后金虎视眈眈,北京城已到了生死存亡之际。崇祯十七年(1644)三月十八日,李自成攻陷北京外城,崇祯皇帝自缢煤山,次日,北京内城沦陷。

北京陷落之前,吴尔埙针对当时的紧急局势,与好友魏学濂共同拟定了一套救国方略,受到东阁大学士范景文赏识,并报告给崇祯皇帝,崇祯皇帝破格召见吴尔埙、魏学濂。他们两人的救国方略,据葛世振(鄞县人,崇祯十三年榜眼)《吴尔埙墓志铭》以及计六奇《明季北略》等书记载,大致可以归纳为:

一、请太子监国南京。

二、给予河南土司李、祁、鲁三姓世爵,在中原一带牵制李自成。

三、推荐孙奇逢、阎尔梅等北方义士领袖,联络义师勤王。

吴尔埙、魏学濂的方案,倘若实行起来,是否能够挽狂澜于既倒,不好说。历史很难假设,但在当时,不失为明朝"延缓衰老"的唯一办法。其中第一条,则与左都御史李邦华的建议大致相同。李邦华曾建议崇祯皇帝,国家危难,不妨南迁,或者请太子监国南京,崇祯皇帝没有同意。吴尔埙与李邦华有交往,李邦华的建议,可能正出自吴尔埙、魏学濂。崇祯十七年(1644)二月,李自成一路往东,攻陷汾州、太原、代州等地,京师告急。崇祯皇帝开始考虑李邦华、吴尔埙、魏学濂的方案,可惜遭到光时亨的阻扰,导致这一方案在最后关头破产。

李自成攻陷北京以后,范景文、李邦华等自杀殉国,大部分明朝官员纷纷投降李自成,出任"伪职",为当时士林所不齿。出任"伪职"的,就有吴尔埙、魏学濂。吴尔埙受命为李自成政权的苍溪县令,魏学濂受命为户部司务。关于他们出任"伪职"的动机,据《明季北略》记载,明亡之际,魏学濂联络孙奇逢举义师勤王,回到北京,正值北京陷落,他跑到金水桥,遇到吴尔埙、陈名夏、方以智,三人都说:我们应该以死报答先帝!魏学濂回答:死很容易,但现在太子下落不明,勤王义师还没到,我们不妨先保存生命,等待机会。

三人都觉得有道理,于是曲线报国,投降了李自成。明朝末年,虽然国势衰颓,但士林却十分重视名节,堪与东汉相比。

北京官员投降李自成的消息传到南方后，群情共愤，魏学濂是嘉善人，他的父亲魏大中、兄长魏学洢，忠臣孝子，萃于一门，都是嘉善人的骄傲。魏学濂投降了李自成，做了逆臣，嘉善人无法接受如此斯文扫地的事实，于是群起欲烧毁魏家的住宅，魏学濂的母亲出来说："你们稍微等几天，我相信我的儿子一定会自杀殉国的。"大家才散了，但嘉兴全府的士大夫还是发了檄文，讨伐魏学濂，其中也提到了吴尔壎。这篇檄文说：

> 反逆伪官魏学濂者，破犁狂犊，食母逆枭。与吴尔壎等聚议，敢言一统无疑。偕陈名夏等授官，私喜独膺优擢。

其中"与吴尔壎等聚议，敢言一统无疑"一句的背景，据谈迁《国榷》记载，李自成攻陷北京之际，魏学濂、吴尔壎认为，明朝灭亡，李自成大顺政权一统天下，乃是天意。这个记载与《明季北略》有异。历史真相究竟如何，不得而知了。

总之，魏学濂、吴尔壎投降李自成确是事实，一个多月以后，魏学濂自缢。为什么突然自缢，有说他是以死殉明朝，也有说他羞愧难当。魏学濂尽管死了，但嘉兴府还是有不少读书人不肯原谅他。吴尔壎与魏学濂是好友兼同乡，又同出任"伪职"，从魏学濂的尴尬境遇，我们完全可以推测，吴尔壎在嘉兴府的名声，此时真可谓一败涂地了。又据《明史·祁彪佳传》记载，投降李自成政权的苏州籍官员项煜、钱位坤、宋学显、汤有庆，常熟籍官员时敏，他们的住宅均被焚毁。在这种大形势下，吴尔壎在洲泉的家想必也很难逃过此劫。葛世振《吴尔壎墓志铭》

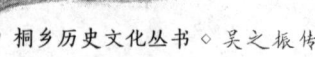

说,吴尔埙从北京逃出以后,有人劝他"暂归里以观变",吴尔埙回答说:"吾誓不与贼俱生,贼一日不灭,无以家为也。"这大概只是曲笔。事实可能与魏学濂一样,客观上是有家归不得,主观上则是无颜见江东父老。

吴尔埙、魏学濂投降李自成,做了"逆臣",受到整个嘉兴士林的唾弃。南明福王政权建立后,又开始了大规模地惩治"逆臣"的运动,崇祯十七年(1644)九月十六日,浙江按察使任天安就弹劾浙江籍"从逆"官员,吴尔埙又一次被点名:

> 庶吉士王自超、吴尔埙、魏学濂为贼所留,止学濂痛愤自缢,诸人犹恋身家,臣谊安容?(《明季南略》)

崇祯十七年(1644)十二月二十三日,福王政权刑部尚书解学龙拟定了《从逆贼官六等定罪》的名单,其中吴尔埙被列在"另存再议者"二十八人之一,处罚是"永不叙用"。

吴尔埙的名誉扫地,有家难回,不免会波及洲泉吴氏家族。从苏州、常熟、嘉善等地焚毁"从逆"官员住宅的情形看,吴氏家族亦必面临着一场灾难。因此,徐焕《吴母范太孺人传》说:

> 时当胜国之际,所在盗寇剽掠。吴故甲族,尤盗所注目,遂自洲泉迁住城中。

这个"吴母",就是吴之振的母亲范氏,吴之振是吴尔埙的堂叔。这段记载中的"盗",未必是真"盗",盖史家曲笔也。

吴之振一家从洲泉迁居县城，这里面当有隐曲，很可能与吴尔埙家族难以在洲泉立足有关。因此，吴氏家族迁居县城的具体时间虽然难以考知，但最有可能就是在吴尔埙投降李自成到他去世之间。

吴尔埙逃回南方以后，有家难回，便投身史可法军中。史可法对"从逆"官员比较宽容，立主从新，戴罪立功。吴尔埙的选择，除了这个考虑，大概还有一个原因，那就是吴尔埙与史可法的弟弟史可程是同年进士，同授翰林院庶吉士，而且两人关系特别要好，史可程也与吴尔埙一样，曾经投降过李自成。因此，吴尔埙在史可法军中很受器重。

史可法（1601—1645），字宪之，祥符人，崇祯元年（1628）进士，历官南京兵部尚书，北京沦陷后，与马士英等拥立福王监国南京，同年五月十五日，福王正式即位。第二天，史可法以兵部尚书、武英殿大学士出镇淮扬，东西撑持，实心为国，至次年四月二十五日在扬州被清军所杀。吴尔埙在投身史可法军中之际，用刀砍掉自己左手的一个指头，请好友海宁人祝开美带回洲泉，以明必死之志。这时候的吴尔埙，应该决心想一洗投伪之耻了。

吴尔埙进入史可法军中后，受史可法派遣，率领几千人的部队，从淮阴出发，过徐州，进入归德（商丘），转战河南东北部，收复了六个州县，史可法特地上奏朝廷：

> 翰林院庶吉士吴尔埙痛心雪耻，捐资募义，冒险进师，用能布扬国威，驱除伪贼，宜录其功。

当时的南明政权,实际上操纵在马士英之手,因为马士英的阻扰,吴尔埙功而不赏。但从史可法的奏疏中可见,吴尔埙的部队,是他自己捐资招募的,其中"痛心雪耻"四字,也反映了吴尔埙对自己投降李自成这一经历的深刻忏悔、反思、自救。

吴尔埙部队孤军深入,一直攻打到新郑一带。可惜弘光二年(1645)正月十二日,兴平伯高杰在睢州被总兵许定国所杀,高杰部将进行了报复性地杀戮,睢州二百里方圆,几无活口。许定国随即降清。史可法闻讯,顿足叹曰:"中原不可为矣。"

高杰死后,吴尔埙部顿失声援,同时,清军又攻陷孟津,吴尔埙寡不敌众,只得仓猝南还,到达扬州城,与史可法相对痛哭,誓死坚守扬州。四月二十日,清军围攻扬州城;二十三日,城破,史可法死之,同时就义者,有吴尔埙、何刚、任民育等。

吴尔埙死后,有故人将他尸骨棺敛,藏在一个寺庙中,不料寺庙失火,尸骨被焚。后来,吴氏家族安葬了他托祝开美带回的那个手指,这便是洲泉人熟知的"一指坟"。

吴尔埙著有《滋兰室初集》《聂许堂遗草》《仁书》等。他只活了二十五岁,他的夫人徐氏(1620—1692),是海宁人徐在中的女儿。徐在中,万历四十七年(1619)进士,官广州知府。吴尔埙死后四十七年,徐夫人在洲泉去世,这个时候,天地已变,吴尔埙的儿子吴震方、女婿陆祚蕃,都已是清朝的进士。

第二章　童年曾赋海棠诗，偶遇天随叹绝奇

一

吴之振出生在洲泉南前村（今通作"南泉村"）祖居，明清易代之际，他只有五六岁，此时天下大乱，地方动荡，盗贼横行，吴氏家族中又发生了吴尔埙投降李自成事件。出于安全考虑，吴之振的父亲吴尚思举家迁居到了崇德县城西横街。

徐焕《吴母范太孺人传》说："时当胜国之际，所在盗寇剽掠。吴故甲族，尤盗所注目，遂自洲泉迁住城中。"把避乱迁居之事，系于吴尚思，这是可信的。顾楷仁所撰《吴之振墓志铭》说："国初，奉母氏避乱，流离琐尾中，晨夕甘旨无间，使太孺人忘播越之苦。"粗看起来，吴之振是避乱迁居的主角，这不过是墓志铭的套词，不足为典要。一个四五岁的孩子，"奉母氏避乱"，显然不合常识。

据吴之振为吴震方《晚树楼诗稿》所作序中说"幼既同嬉游，长复并衡宇"，说明吴震方从小也生活在县城，而且两家距离很近。我们知道，吴震方的父亲吴尔埙早逝，而吴震方从小生活在县城，只能说明他是随祖父吴之屏迁居县城的。吴之振《黄叶村庄诗集》卷二《抛梁词为赓虞二弟作》有"肯容阿大占东吴"一句，自注说"予居舍在东偏，相去牛鸣地耳"，赓虞，即吴之韶，

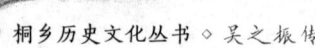

吴之振叔父吴尚履之子,可见吴之韶的家也在县城中。综上可证,从洲泉迁居县城的,除了吴之振的父亲吴尚思,还有吴尚思的侄儿吴之屏、吴尚思的弟弟吴尚履等几家。他们几家的居住地都不远,因此,若干年后,吴之振、吴之韶、吴自牧、吴震方等族人得以频繁交游唱酬。

据上引《抛梁词为赓虞二弟作》及《岁暮杂诗六首》其四"故事刚相值,椒盘自阿戎。相违只里许,犹恨各西东",合而观之,吴之韶的居所在吴之振家西面一里左右。按诗中"椒盘自阿戎",用的是杜甫《杜位宅守岁》"守岁阿戎家,椒盘已颂花"句,阿戎,指堂弟。

吴之振五六岁以前,生活在洲泉南前村。吴家迁居县城以后,洲泉的旧宅仍在。地方局势稳定以后,吴之振偶尔也会去祖居居住,康熙二年(1663)正月初七,他二十四岁,就在南前村祖居度岁,并赋诗云:

> 依旧春风到草堂,熏炉茗碗自评量。
> 钗头彩胜童心在,盏底屠苏酒力狂。
> 蓂荚入年应七叶,梅花醉我有千场。
> 南前闭户无新咏,屋角熏天饼饵香。

吴之振在洲泉生活的时间不长,而且很小就离开了,但他少小聪颖,对故乡的记忆十分深刻,认同感亦特别强。可以说,吴之振的一生,始终萦绕着一种深入骨髓的洲泉情结,挥之不去。他的诗歌中,时常会流露出来,比如《题绣馀稿后》"家世流传住相州"、《墨竹》"故园花木犹无恙，更向南前种几枝"、《施愚山大参寄惠敬亭绿雪走笔奉酬》"莫笑洲泉大寒乞，愚山试卷敬亭茶"等，都足见他对故乡的怀念之情。吴之振尽管身居县城，但对他来说，县城只是客居，他认定的精神家园仍是洲泉，他的《宋诗钞》自序即以"洲钱吴之振"署款，刘声木《苌楚斋五笔》卷七《论吴之振宋诗钞》说："自署县望曰洲钱，亦一时风会使然也。"其实，这是刘声木误会了，洲钱并非县望，而是里名。

顺治十八年（1661）前后，吴孟举与其堂侄吴自牧以洲泉旧居南前村为题，创作了不少诗歌，并邀请吕留良唱和，三人作品辑为《南前唱和诗集》。可惜吴之振、吴自牧的诗今已遗佚，吕晚村诗今存二十首，此录其三：

力行堂里西山爽，寻畅楼头北斗斜。
童仆也忘宾主尽，呼茶直入德公家。

吴郎齿颊自生香，不染人间假盛唐。
二十五弦宫角应，试将同异问蒙庄。

木几横窗订旧诗，书来子建说违离。
文章佳恶君须定，后世相知更有谁。

吴之振笃于乡谊，当他得知曾经的洲泉邻居沈九枝之子沈昂中了秀才，十分高兴，立即作《州泉旧邻沈九枝贫且老，力学不倦，课子弟有方，其仲子昂补博士弟子，走笔奉贺，并志

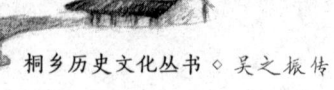

勉焉》诗相贺，亲如子侄，情见乎辞：

> 小筑溪山丙舍傍，两家灯火共垣墙。
> 十年残梦悲横笛，一日春风记草堂。
> 绿水源头还地脉，青蚨眼里破天荒。
> 后生可畏吾衰矣，攻苦斋盐自较量。

吴之振晚年亲手编定的《黄叶村庄诗集》八卷，其开卷第二篇，即为《忆相州旧里》二首，其中消息，可见一斑。此录其一：

> 偶话深山好，因思旧隐居。
> 回塘随水折，老柳隔林疏。
> 比户同炊汲，村童供野蔬。
> 梦魂吹不尽，犹解到吾庐。

"梦魂吹不尽，犹解到吾庐"，虽然身在县城，而洲泉旧居，时时入梦，虽然县城与洲泉并不远，半日舟程，在古代社会，这样的距离，是足以产生乡愁的。吴之振的内心深处，大概不免时时有一种羁旅孤客之感吧。

二

吴之振家的新居在县城，堂名"守愚"。守愚，大概取自《论语》。孔子说:"宁武子,邦有道则知,邦无道则愚,其知可及也,其愚不可及也。"这段话,可与《诗经·大雅·抑》呼应。《抑》诗云:"庶人之愚,亦职维疾。哲人之愚,亦维斯戾。"意思是说,普通人的笨,那是天性;智者装笨,是为了规避风险。堂名,是中国古代家训的最高概括,"守愚"这个名字,对吴之振一生产生了巨大的影响。

守愚堂前后都临河,后门的河,就是现在的崇德路。隔河与五桂坊弄直对,前门临河,有一座木桥与对岸相通。守愚堂是一个总称,全盛时期,其建筑分为几个部分,中间是兰庆堂,东面是玉纶堂,西面分别为橙斋书室、寻畅楼、鉴古堂。

吴之振写过一首《冰船》诗,用诗歌语言描写过他的守愚堂生活,流露出浓浓的江南味道:

> 余家语溪上,门前语水清。
> 平桥架低岸,桥小艇子横。
> 篙师唱欸乃,两桨趁清明。
> 中舱安几榻,酣睡甜如饧。
> 开船挹远山,诸态毕献呈。

据吴之振《题邵又节小像》诗自注:又节为余八分书"巷南书屋"额。则守愚堂又曾辟有"巷南书屋",此盖因其位置命名。吴之振居巷南,巷北为洪姓人家居住,《黄叶村庄续集》有《巷北洪氏白牡丹一株七绝,赋二绝句》可证。

又据吴之振《种竹四绝句》其二"不须检历寻龙日,醉竹

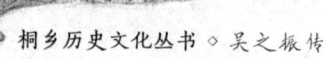

"先应醉比邻"自注：是日邀孟泽饮。孟泽，即沈孟泽，吴之振诗中多见，是他的一位好友。由此可见，守愚堂的邻居，有沈孟泽。

吴之振《十四日同自牧、青坛饮孟泽斋庭》诗注"有以医招孟泽者"，可知沈孟泽业医。沈孟泽是吴之振的邻居，但他在乡下也有住宅，这一点与吴家相似，大概也是明末清初移民潮中的一个。吴之振《过沈孟泽村居》诗云"相约重过留信宿，双螯须趁稻花天"，这个村居，显然离城较远。

吴之振从五六岁开始，居住县城守愚堂，读书则在西偏的寻畅楼。十岁那年，父亲吴尚思去世，孤儿寡母，相依为命。吴之振的母亲范太孺人内综家政，外持门户，吴家不仅没有因此衰落，家境反而比吴尚思在世时还富足。

范太孺人善于理财，同时十分重视教育。徐焕《吴母范太孺人传》说她："延师教子，必求老成名宿。"吴之振童年时候的老师，有一位叫朱德与，事迹已不可考，当是一位博学的隐士。吴之振在《感旧》诗中曾经回忆道：

琢句难寻一字安，雪风冰酒地炉寒。
秘书莫漫夸行笈，破屋穷儒出鹖冠。

还有一位叫"绮崖"，事迹亦不可考。吴之振有《题绮崖师》二首，其第二首云：

儿时函丈日追随，逃学书堂学斗棋。
画里执经谁辩难，还应貌我雪绥绥。

吴之振在寻畅楼家塾的同学，可考者有沈揆生，其《祝沈揆生七十》诗说"我方髫龀君年少，寻畅楼头共读书"，年纪比吴之振大一些。还有一位，则是吴之振的外甥沈某，吴之振《丙午八月八日沈甥率其妻子归郚村旧业，余以入省赴试，不及送行，口占二绝赠别》诗云"十年共对短灯檠"，说明他们两人曾经同学十年之久，其时当在寻畅楼家塾中。

据《洲钱吴氏宗谱》记载，吴尚思的原配夫人张氏（1598—1627），生有四个女儿，长女嫁给郚村沈达，这就是吴之振的大姐夫。吴之振的外甥沈某，即沈达之子，年纪大概跟他差不多。

吴之振在家塾读书期间，有时也顽皮逃学，《题绮崖师》所谓"逃学书堂学斗棋"是也。有时也到县城东的河边游玩，这个经历，给他的印象特别深刻，他二十八岁那年，从京师返回的船中，就做了一个梦，梦见跟表哥范棐如去友人家喝茶，天色晴好，恍然觉得此地"约略在城东河曲，少小戏游处也"，并赋诗以纪。今读此诗，依稀可见三百年前的城东景物：

少小同兄逐戏游，红桥曲曲抱城头。
当门皂角栖姑恶，夹岸杨花叫栗留。

吴之振读书颖悟，有绝人之智。徐焕《吴母范太孺人传》就说他"自其总角时，出语便惊长老"，吴之振自己也曾在《论诗偶成》中说：

童年曾赋海棠诗，偶遇天随叹绝奇。

> 谁向西陵寻旧派,小长芦选得三诗。

吴之振的海棠诗,今已不传。这首诗,大概是吴之振十分得意的童年之作,所以他在《晚树楼诗稿序》中还不忘提到:

> 忆年就傅时,戏赋海棠截句,子虎击节曰:小叔他日当以诗名寰内。

就傅,即十岁。子虎,是吴尔篪(1628—1656)的表字。吴尔篪,吴尔坰弟,他的祖父吴尚伦,是吴之振父亲吴尚思的大哥。按辈分,吴之振是他的堂叔。吴尔篪幼负奇才,年十四渡江访倪元璐,被盛赞为"江夏黄童"。吴尔篪善诗文,吴之振评价其诗为"浸润三唐",可惜英年早逝。

吴尔篪读了海棠诗,认为"小叔他日当以诗名寰内",这就是吴之振诗中"偶遇天随叹绝奇"的出处。吴尔篪的这一预判,后来得到了证实,可见其眼光之辣。

吴之振《论诗偶成》诗中的"小长芦",即朱彝尊。从"小长芦选得三诗"推测,朱彝尊除了《明诗综》,应该还曾经编过一部近人诗选,而吴之振就有三首少作入选。不过吴之振对自己那三首诗的评价,说是属于"西陵旧派",也就是明末清初"西泠十子"的风格,与他后来倡导的宋诗派是大异其趣的。尽管如此,他之能不悔其少作,念念不忘十岁所作的海棠诗,这是一种对童年的纪念,已经超乎诗外,与他的诗学主张无关了。

吴之振童年学诗,步趋西陵,但他接触宋诗,也是非常早的,甚至还手抄过梅尧臣的诗，他在《寄酬宣城梅渊公》诗中就说：

> 幼抄都官诗，光焰横海望。
> 古淡出雕镌，气压欧苏上。

吴之振后来与吕留良、吴自牧等人编选《宋诗钞》，收录梅尧臣《宛陵诗钞》二卷，其小传云：

> 其初喜为清丽，闲肆平淡，久则涵演深远，间亦琢刻以出怪巧，然气完力余，益老以劲，其应于人者多，故辞非一体，至于他文章可喜，非如唐诸子号诗人者僻固而狭陋也。在河南时，王晦叔见而叹曰：二百年无此作矣。贤士大夫如温公、东坡、介甫诸人，咸敬重之。尤与欧阳文忠公善，世比之韩孟。两公亦颇以自况。故贡奎诗云：诗还二百年来作，身死三千里外官。知己若论欧永叔，退之犹自愧郊寒。盖言诗力也。又龚啸云：去浮靡之习于昆体极弊之际，存古淡之道于诸大家未起之先，此所以为梅都官诗也。

《宋诗钞》的小传，究竟是全部出自吕留良之手，还是有部分为吴之振所作，已经是一个难以弄清楚的问题了。抛开这个问题，我们暂且把上面所引两相比较，《宛陵诗钞》小传引前人评价梅尧臣诗的话，约而言之，不正是吴之振诗中所概括的"古淡出雕镌"五字？

吴之振在寻畅楼家塾中，主要学的是应付考试的举子业，

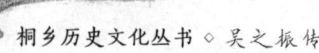

这是传统社会士子们的必经之路，吴之振自己也说"吾宗先闻人俱从帖括起家""笑我支门研帖括"等，但他学有余力，年纪轻轻已是八股高手，顺治十年（1653），吴之振成为县学生，也就是俗说的"秀才"。

这一年，他才十四岁。

三

顺治十年（1653）的县学考试，主持者是浙江提学佥事张安茂。张安茂，字子美，出自青浦书香世家。他的父亲张以诚，字君一，明神宗万历二十九年（1601）状元，官至右谕德，著有《酌春堂集》《毛诗微言》，后者为《四库全书》存目。张安茂，顺治八年（1651）进士，著有《泮宫礼乐全书》，亦为《四库全书》存目。

顺治十年，崇德县学新进秀才三十名，除了吴之振，其他二十九位为：

劳福谦、吕光轮、劳鸣谦、费阶、吴廷槐、朱雯、范鼐、劳子嶒、姚昶、金之桢、劳子嵝、沈令原、顾大绮、沈翌、丘京、李桢、范炜、钟宏烈、张麟、俞汝忠、钱行宏、沈雍、许全学、朱汾、叶渭、吴芬、王选、沈绪、钟璜。

这三十人，无论年龄大小，都是"同学"，这是一张传统社会中十分重要的人脉网。这张名单中的吕光轮，即吕留良，比吴之振大十一岁，因为同年入的县学，终生以朋友相交，这就是吴之振《祝陈子执学师六十寿》所说的："余时偕晚村，蹒跚弟子员。"

吕留良入学以后，没有参加过举人考试，康熙五年（1666），他因拒不出应浙江学使组织的课考，被除名，革去秀才。吴之振则在康熙二年（1663）、康熙五年（1666）两次去杭州参加乡试，均名落孙山，后来也便不再赴试。

吴之振的二十九位县学同学，都出自崇德县的世家大族。比如顾大绮，字非纨，洲泉清河村人，他的哥哥顾朱，崇祯十六年（1643）进士，官行人司行人，明亡后隐居不出。顾大绮乐善好施，《石门县志》列于《义行传》。

顺治十年（1653）崇德县新进秀才三十名，后来有两位考取进士。朱雯，字裔三，康熙三年（1664）进士，官至山东按察副使；钟璜，字佩远，康熙十五年（1676）进士，官至礼部郎中。

朱雯，是简州知州朱辅的儿子。朱雯的哥哥朱霞，顺治十二年（1655）的进士，官汀州推官。兄弟进士，为地方科举盛事。朱雯与吴之振后来经常诗酒唱和，始终交好，《黄叶村庄诗集》中收录了不少吴之振写给朱雯的诗。

大约在吴之振考中秀才的这一年，崇德县城的钟家请来了一位家庭老师，他叫叶燮，字星期，吴江人。吴之振也许不会想到，这个新来的外地老师，会成为他后半生的至交，没有之一。对叶燮而言，吴之振也是他最好的朋友，阮元《两浙辅轩录》引钱仁荣说："星期知宝应，以不合上官而去。筑二弃草堂于横山之阳，与石门吴孟举相友善。"交游之中，只提了一个吴之振，可见两人关系之不同寻常了。

据吴之振《次韵答叶星期》自注："二十年前于钟静远斋中

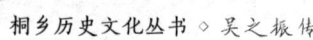

听先生鼓琴。"此诗大概作于1673年左右,上推二十年,则为1653年左右。又据叶燮作于康熙壬戌(1682)的《带存堂记》:"余三十年前,馆于石门钟氏之居。"上推三十年,则为1652年。吴诗、叶文,回忆的时间比较吻合,由此可见,吴之振与叶燮相识的时间,不会晚于吕留良,只是吴、叶两人前期没有什么交往罢了。

吴之振考取秀才以后,交游渐广,尤其跟吕留良最为密切。他们一道切磋诗学,吴之振《晚树楼诗稿序》说:"年十六七,始交晚村,又共摹初、盛唐,互相砻错,后乃数变而为宋人苏黄之诗。"他们后来倡导宋诗,编选《宋诗钞》,即滥觞于此。

吕留良成名早,士林影响较大,顺治十四年(1657)至十六年(1659)间,他与陆雯若在崇德县城组织文坛雅集,会者常数千人,盛况空前。吴之振虽然年纪不大,但高才博学,又兼家境富庶,吕留良便引之为左右手,《吴母范太孺人传》记载:

> 本朝顺治初,三吴文人鼎盛,同邑吕晚村先生为时领袖,征召四方,舟车毕会,而橙斋以妙年颉颃其间,晚村每事引之为助,遂定终身交。

"每事引之为助",渐渐成为一种习惯,或者说吕留良对吴之振形成了一定的依赖,吴之振却能不厌其烦,可见其襟怀之豁达,乐于成人之美。这种情况经常发生,举个例子,康熙十二年(1673)八月,吕留良听说平昔交好者要在县城北门建造寺庙"小齐云",他是一个程朱理学的信徒,十分生气,便出面劝说。但没有结果,于是又请吴之振出面与县令杜森、教谕管凤来交涉。吴之振其实是个儒佛兼修的人，甚至一度有"单丁住山"之愿，但他还是答应了吕留良的请求，出面调停，最终"小齐云"事件顺利解决。

吴之振在《次韵送范广文性孚之官天台》诗中，也曾回忆了帮助吕留良组织文人雅集的经历：

> 君不见浙西社事集名胜，蜂窠蚁垤分门径。
> 变灭烟云顷刻间，无异危栏攀曲磴。
> 士衡谈笑独登峰，把袂牵裾嵇吕同。
> 高堂行炙烧银烛，哀丝急管歌玲珑。
> 余发未燥驹脱齿，拽履长吟亦来此。

顺治十七年（1660），吕留良与黄晦木、黄复仲、朱声始、高旦中相约卖艺，吕留良写下了著名的《卖艺文》，写作的地点，就在吴之振的寻畅楼，撰写者吕留良，书写者吴之振。《卖艺文》盛赞吴之振"书画奇绝，天然第一"：

> 东庄有贫友四，为四明鹧鸪黄二晦、槜李丽山农黄复仲、桐乡殳山朱声始、明州鼓峰高旦中。四友远不相识，而东庄皆识之。……因约声始竟卖文，余友共卖文与诗，丽农鹧鸪共卖画，鹧鸪东庄共卖篆刻，东庄独卖字。鼓峰掀髯曰："终不令子单行。"鼓峰小楷类《乐毅论》及《东方朔像赞》，行书逼米海岳，间追颜尚书，于是鼓峰东庄共卖字，既以字食，且以食友。约成，草于吴孟举之寻畅楼。孟举书画故奇艳，

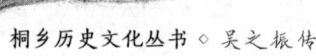

涉笔成趣,得天然第一。谓:"吾手独不堪卖耶?""然如子家不贫何?"曰:"请以字佐鼓峰东庄,以画佐鹇鹋丽农。吾出艺,而诸君共收其直可乎?"众曰:"幸甚。"东庄乃脱稿而属孟举书。

康熙二年(1663)四月,吴之振、吕留良、吴自牧三人在吕家水生草堂读书,并正式启动了《宋诗钞》的编选工作。同月,余姚高旦中来访吕留良,随即黄宗羲受邀到吕留良家坐馆教书,《宋诗钞》编委会扩大到了五人。同年八月,黄宗羲回余姚。

康熙三年(1664)二月,黄宗羲、黄宗炎兄弟及高旦中到石门吕留良家。这时,嘉兴高承埏家出售藏书,计有两千多本,大抵为抄本,经黄宗羲力劝,吴之振买下了高氏遗书。黄宗羲便经常到吴之振家看书,他在《天一阁藏书记》中说:"余在语溪三年,阅之殆遍。"

高承埏,字寓公,崇祯三年(1630)进士,明亡后以遗民终,是一位有骨气的士大夫。黄宗羲面对高家的败落,无动于衷,不施援手,反力劝吴之振购买其藏书,这与两年后他劝吕留良购买山阴澹生堂藏书一样,受到遗民圈的鄙夷。

同年四月,黄宗羲、黄宗炎、吕留良、高旦中、吴之振一行到常熟拜访钱谦益。这是目前可考的吴之振第一次出省之游,因此,这次出游,给他的印象特别深刻。他们路过苏州,在某家店里吃了个饼,本是一件小事,但二十五年后,吴之振居然还能清楚记得,其《次友人游姑苏韵》"闲销旅思寻歌板,偶话前尘记酒炉"句下自注:"记与太冲、晦木、旦中、用晦啖饼于此,已廿五年矣。"

除了吃饼,当然更记得吃酒。吴之振《次宋玉山韵赠金星岩》诗末注云:"余廿四五时,同旦中、晦木饮令祖饮马桥寓斋。"金星岩,即金灿,德清县大麻村(今属桐乡市大麻镇)人。金灿的祖父金渐皋,崇祯九年(1636)举人,复社名人,明朝灭亡后,抗击过清军,做过和尚,后来又出仕清朝,辞官后,一度寓居苏州府衙东的饮马桥畔。吴之振家族与金家是世代姻亲,他们路过苏州访问金渐皋,应该是吴之振的关系。

黄宗羲从康熙二年(1663)到吕留良家设馆,到康熙五年(1666)两人断交,这个时期,吴之振通过黄、吕又一次拓展了朋友圈,但所交大部分为江浙文人,吴之振所谓"团圆杂坐生面稀,细视方知半吴越"是也。他们雅集的地点,主要为两个,一个是吕留良的力行堂、水生草堂,一个便是吴之振的守愚堂、寻畅楼。此时的吴之振家,俨然成了浙西地区文人雅集的胜地。

与吕留良、黄宗羲等交往期间,他们一起访钱谦益、寻辅广墓,时常聚会,诗酒唱和,是吴之振诗歌创作的第一个高峰。这一时期,吴之振作了不少唱和诗,著名的有《辋川图》《再咏辋川图次韵》《题如此江山图》等,而他的第一部诗集《寻畅楼诗稿》也将慢慢在此孕育了。吴之振一面欣喜于"此地饶有朋友乐",一面也感叹"诗债积如山",痛并快乐着。这里录下他的《题如此江山图》,以见其诗才之一斑:

今年酾钱作重九,相约题诗穷好丑。
群公不畏雨与风,着屐冲泥从饮酒。

长鱼斫鲙银丝飞，笋鞭脱殻和青韭。
黄鸡紫蟹堆满盘，缸面新笀倾五斗。
黄子酒阑出画图，装潢妙手天下无。
金粟笺标双玉轴，吴绫蜀锦重摩挲。
开卷烟岚惊户牖，重冈叠嶂相逶迤。
河阳劈斧营邱树，矾头细碎填青螺。
山阳亭子小如笠，四面阑干来曲屈。
中有高人载酒过，停车立马松衫侧。
紫衣纱帽杂黄冠，杖履纷然难物色。
卷端题字紫芝生，鹄头小篆何精明。
匡庐道士山中去，从此人间无姓名。
后幅长笺题某某，蝇头细草间真行。
此中只识宋金华，八言七字排锺镈。
其余诸公碌碌耳，吞声饮泣空悲鸣。
展卷未完寒具设，双眼如花心欲折。
轩窗四面秋风来，阶前乱舞娑罗叶。
江山总作烟云观，澜翻跋尾劳唇舌。
宋人遗墨元人题，王孙玉树长萋萋。
吾侪赋诗看画亦不恶，丁香阁内夜半醒醐啼。

第三章　手挟诗抄万卷走,重来辇毂听霜钟

一

吴之振二十七岁之前,生活、交游多在江南一隅。二十七岁的秋天,他开始了人生第一次远游。吴之振一生,有过两次北京之行,《辛亥除夕》诗云"三十二年同水泡,重来辇毂听霜钟"可证。这两次"北漂",对吴之振诗风的形成以及其在诗坛的影响具有十分重要的作用。

吴之振第一次"北漂",自康熙五年(1666)秋出发,至次年春夏之际回到家乡。第二次自康熙十年(1671)八月出发,次年二月中旬从京城返乡,因诗阙有间,抵乡时间不详。

吴之振两次"北漂",都以诗歌形式反映在他的《黄叶村庄诗集》卷一、卷二中。《黄叶村庄诗集》八卷,是吴之振晚年按照时间顺序编定的,堪称"诗史",用他自己的话说,便是"阿侬供状在新诗"。但需要注意的是,吴之振在编定的时候,因为时过境迁,记忆有误,颇多编次失序的情况。比如卷一《与马问答诗》四首,写他二月十六日出崇文门返乡,据《赠行诗册》,应该编在卷二《作景物诗竟柬书升索和》之后;再如《怀二小男》两诗,写他两个儿子吴宝林、吴宝庚,但吴宝林出生在康熙七

年（1668），吴宝庚出生在康熙九年（1670），吴之振第一次"北漂"的时候，他们都没有出生，此诗当作于他第二次"北漂"时；同理，卷一《杂兴三首》，中有"懒寻麦饭过丘嫂，肯哺藜羹饲两儿"之句，显然也属错排。要之，通过仔细比勘《黄叶村庄诗集》卷一、卷二各诗，尚可推定这两次"北漂"的大致时间、路线、交游等情况。

其实，吴之振第二次赴京，曾经模仿欧阳修《于役志》，写过《寻畅楼舟行日记》，记录了整个"北漂"的过程，他自己在诗里就说"日历颇依欧九样"。据施愚山《吴孟举寄舟行日记有述》、汪懋麟《送孟举归石门，用昌黎东都遇春韵》"示我舟行记"以及吴之振本人《送少逸》诗自注"以《寻畅楼舟行日记》赠之"，此书大概曾经刊刻过。吴之振家有鉴古堂，兼有读书、治学、出版之功能，于他而言，刻书并非难事。令人遗憾的是，这部书现在已经失传了。

吴之振的第一次"北漂"，从《泊舟自庆庵赠僧研庵》开始写起，一直写到卷一最后一首《抵舍日作》。自庆庵在苏州，此诗排在《丙午八月八日，沈甥率其妻子归郜村旧业，余以入省赴试，不及相送，口占二绝赠别》之后，可见他的第一次"北漂"，出发时间是在丙午即康熙五年（1666）八月八日之后，具体日期虽不可考，但他九月九日重阳节已过黄河，将入山东峄县（今枣庄市）境，据此可证，他的出发时间当在八月。路线走的是运河，从苏州的自庆庵、望亭写起，一直写到河北吴桥县的连儿窝，一路经历，比较清晰。但到了连儿窝，却戛然而止，接下来便直接写从京城出发返回家乡，这中间缺失了很多内容。

大约吴之振当年编定诗集时，不少早年作品已经遗失，吴景淳说他"不自爱惜收拾，甫脱稿旋弃去"，可见这是吴之振一直以来的习惯。因此，在《黄叶村庄诗集》中，这样的情况比较常见，比如卷一的《岁暮杂诗六首》，题作"六首"，其实只有五首，或编定时已阙，或是刻工之误，均不可考；又如他的第二次"北漂"，进京、返乡，一概无诗，只写了他在京城的寓居生涯，与第一次"北漂"正好相反。

康熙五年，吴之振二十七岁，此前他并没有远游的经历，最远一次也只到了常熟。这次"北漂"，使他眼界顿宽，感慨遂深，所见风物人情，多与江南不同，比如他到峄县时，看到的景象是"草木殊方域，鱼虾亦异科"，感觉像到了外国一般。凡此种种，对他的诗歌创作都起到了非常重要的作用，他自己也说："笔端已挟风涛壮，眼界方知天地宽。"又说："个中便得江山助，可是功夫次第成。"

第一次远游，正如《庄子》所谓"越之流人"一样，起初还在努力"打叠闲情不忆家"，但随着离乡的路程越来越远，吴之振的心理也慢慢起了变化，思念妻子、老友，以至于常常入梦；留恋家乡风物，连桑葚、风筝之微，都化而为诗。乡愁无端，触物而起，并且越来越浓，耳目闻见，都可以化作思乡之情。旅途逢重阳佳节，极目所见，亦只是"炊烟一缕界斜阳，云脚垂处是故乡"；峄县万年闸，他遇到一个和尚，说的是浙江方言，便感叹"闸口逢僧操浙音，羁人偏搅故乡心"。"故乡"这个词汇，此时此刻，才有了分量。乡愁是一种彻骨的煎熬，何况又是平生第一次经历，因此，还没有到北京，吴之振在寄给吕留良的诗中说"襆被仓皇走异乡,深惭教语慰披猖",表达的是无奈,更是一种悔意。进入山东武城县,离北京还远着呢,天空刚好下起了雨,漫天丝雨细如愁,此时的吴之振终于抵挡不住乡愁的煎熬,突然起了返乡之念,他说:"行脚方初便拟归。"然而,想是这样想,去也终须去,这便是古代中年人的无奈。

第一次"北漂",吴之振一路饱尝乡愁滋味,在没有电话、没有手机的古代,这确实教人难以想象,他在重阳节前数天,写信给劳夫人,写完,算了算日子,说:"重阳过十日,书信得相闻。"信件往来,需要很长的时日,收到回信时,常常是过去心不可得了。

快节奏有时是摧毁文学的毒药,慢有慢的好处。吴之振回报给文学史的,就是一份又一份的大礼。所谓"国家不幸诗家幸",其实不妨说,诗家不幸诗坛幸,吴之振赶的是自己的路,更是在为文学赶路。当他路过黄河的时候,根据亲见亲闻,写下了一首五言古诗《黄河夫》,这首诗被杨际昌《国朝诗话》评价为"直追少陵",代表了吴之振五古的最高成就。有了这首诗,此行再苦,亦已值得了。

河水逆其性,横怒无安流。
皓盱失故道,濆洞驰奔牛。
黑云卷黄沙,白浪吹不休。
遥瞩枯杨丛,人烟聚一丘。
日暮犹乞火,夜半无停舟。
旋溜改崖岸,盘涡长沙洲。

第三章 手挟诗抄万卷走,重来挲榖听霜钟

屋舍荡芦苇,平野迷田畴。
崩雷击砰磕,老蛟馋膏油。
支祁掣锁钥,天吴拥旌游。
闪烁眩万状,光怪腾簸蹂。
金堤一朝决,势迅诚难收。
社长不敢慢,步传如星投。
文书十五通,到县复到州。
州官上督府,当食停珍羞。
急骑召僚属,轶会宁迟留。
肩背互支倚,反唇撑双眸。
尻高头柱地,欲语声薄喉。
再四导之言,众论俄啁啾。
或上追禹力,或下咎阳侯。
或陈汇蓄策,或开宣泄谋。
或言休气积,或诹荣光浮。
崇朝到昏黑,聚讼徒喧啾。
一官颓然至,高论压辈俦。
自言诸公等,碌碌难与筹。
水经不记忆,何道穷探搜。
治病先治标,去害去其尤。
堤防不早筑,泛滥蹣九州。
宣房既应塞,酸枣诚堪忧。
四渎汇趋仰,奥府神所赒。
割鲜陈白马,列币僾黄球。

人力不足恃，謦咳通深幽。
拯救是为亟，外此宜何求。
上官然其言，毋烦费咨诹。
鸠工审面势，冈阜云烟俘。
延亘数里强，杰阁连重楼。
甍甓叠高亚，榱桷工雕镂。
占日从祭祀，灵风飘飕飕。
妖巫前致祝，揖让三献酬。
堂上列官吏，堂下排倡优。
牲牢既肥腯，鼓乐畅歌讴。
蒻彩绘旍旐，镕金制兜鍪。
镂刻像舳舻，樯橹事事周。
榜人倚兰棹，黄帽踞舵楼。
台隶擎朱幡，女侍弹箜篌。
礼毕申再拜，纸钱号松楸。
轰然散幕属，符檄下督邮。
十户出一夫，丁役凭官抽。
锹锸牢束缚，筐筥盈车辀。
淇园千亩竹，斩伐无一留。
椿楔洎钉橛，殃祸到薪樵。
柳树郁葱翠，取尔枝条柔。
老翁鬓毛秃，行步半伛偻。
伶仃刺霜雪，犹担土一掊。
不敢自怨苦，宁与官府雠。

自从河水决，三载废耕耰。
远贾乏行资，出入徒悲愁。
家住黄河边，田亩西陇头。
陇头叠石磴，下筑千丈沟。
沟水响活活，浊血浮骷髅。
民命不足惜，飘忽如蜉蚁。
何伯胡不仁，庙祀空千秋。
水旱无刑诛，丰稔书勋猷。
大呼两耳塞，卑视两目瞀。
对此黄河夫，亦知惭愧不？

怀乡，是痛苦的；返乡，则是另一种痛苦。离别，是乡愁；归来，何尝不是乡愁，唐诗云"近乡情更怯"，是极其真实的感情。乡愁是一种意志，又是一种不以人的意志为转移的实在名相。"归去诗情殊跌宕，春来酒量亦峥嵘"，毕竟只是吴之振初归时的心情。接下来呢，"乞求九万抟风翮，冲破云霄到故乡"，越想着快，便越痛苦。天涯归客，大部分的时光，只能独自在小舟之上，翻翻皇历，计算到家的日子，所谓"计程烧烛翻官历"，今天看，明天看，白天看，夜里还看，反复地告诉自己"屈指春夏交，息肩释芒屩"，可见得一路的百无聊赖。蓬窗低矮，抬头看天，"我赋归欤迟燕子，输他社日到江南"，舟行濡滞，比不得燕子轻盈，教人顿起羡慕之情。

把镜头再倒退回去。康熙五年（1666）八月，吴之振从县城北门登船赴京时，吕留良因为背疮发作，不能相送，于是作诗赠别，诗云："从来未有经年别，匆遽轻为去国图。"吴之振、吕留良从相识至今，从来没有经年之别，诗的第一句所写虽是事实，却寓着无限惜别之情。第二句则涉及一个非常重要的问题，即吴之振此次赴京，究竟是去做什么？吕留良的诗中没有明确说出，吴之振自己也没有写到。赴京的目的，在他们当时是彼此皆知的，可惜三百年之下，已经很难考证了。但吕留良一则曰"匆遽"，再则曰"轻为"，似乎对吴之振的赴京颇有不满之意。吴之振夫人劳氏的态度亦然，吴之振《舟行连日得顺风》诗云"深闺刺刺苦相留"，《舟中得家信并得晚村书》亦云"刺刺深闺苦劝归"，都可看出吴之振此行必有隐曲。

吴之振究竟为什么赴京，《黄叶村庄诗集》中没有直接反映，当然，离家千里，绝不会是闹着玩。据俞国林《吕留良诗笺释》推测，吴之振此次赴京，是"纳资谋职，即所谓以贡，授中书"，中书科隶属内阁，中书舍人为从七品小官。也有学者推测，吴之振的捐官，在康熙十年（1671），亦即其第二次赴京时，但可惜都没有提供证据。

吴之振为人熟知的身份，确实是中书舍人，所以他常被称为"中翰""内翰"。他的这个身份，究竟是什么时候取得的呢？其实，此事并不在康熙六年（1667），也不在康熙十年（1671），而是在康熙十八年（1679）。

据汪懋麟《百尺梧桐阁集》卷九《与孟举别七年矣，今夏晤于湖上，即别，期过石门，舟中风雨却寄四首》其一"喜闻三殿诏，聊以慰蹉跎"句下自注："时授内翰。"《百尺梧桐阁集》是编年集，此诗系于己未年，即康熙十八年，所谓"时授内翰"，说明吴之振取得中书舍人这个身份，是在康熙十八年。又，汪懋麟与吴之振相识，是在吴之振第二次赴京时，即康熙十年至十一年春，与此诗所说"与孟举别七年"亦相符合。

这样一来，吴之振第一次赴京的目的，便成了一个暂时无法解释的谜了。不过吴之振对自己的这次远游，有过多次总结、反思，《连朝不得好风喜欢作长歌自慰》说"连年铁铸九州错，万事休休与莫莫"；在《连日不得酒饮，殊苦，戏作长句自解，并自嘲也》一诗中，更是明确地作了自我否定：

  去岁游京师，漫浪乖量度。
  长笺通姓名，素心终莫莫。
  遂令生趣绝，千叹鲜一噱。
  高吟归去来，此计定不错。
  回首车马尘，魂梦已如昨。

因为吴之振这次赴京的目的已不可考，他何以要对自己痛下针砭，也就不得而知了。

二

康熙十年（1671），吴之振开始了第二次"北漂"。从石门县城出发的时间，据他的《送友人南归》诗"八月十一日，与子下吴船"，写得非常明确。又据其《俶钱》诗"舟行五十有一日，庑下寄居三月余"，可知他到京的时间，约在十月初三日，在冬

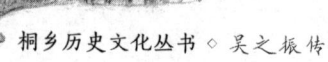

至之前,因此他能看到"冬至前十日,寒威渐峥嵘"的京城景象,也能亲自向冬至日晋升为顺天府丞的姜希辙道贺。

吴之振第二次赴京,目的是什么?是一个值得探讨的问题。大部分地方史专家认为,吴之振此行的目的有两个,一是捐官,二是送《宋诗钞》。关于第一个目的,很值得商榷,吴之振获得中书舍人的身份,并非康熙十年(1671),而在康熙十八年(1679),相差八年之久,这一点已见上述。既然这个目的不能成立,则送《宋诗钞》之说就更难以使人信服了。

《宋诗钞》初集于康熙十年八月大体刊刻完成,吴之振到京后,也确实进行了赠送活动,但倘若说他这次进京完全只是赠送《宋诗钞》,便是一件十分可笑的事。吴之振的朋友兼姻亲劳之辨此时在京,送书这种事,完全可以发送到劳之辨处,请他代为赠送,何苦劳心劳力大老远地跑去送呢。以吴之振绝人之智,想必不会干出这样的傻事来。

因此,只能说,吴之振到京分赠《宋诗钞》,乃是顺便之举,对他个人而言,必然还有一个更为重要的目的,可惜文献不足,难以考知了。我们推测,他此番进京,最大的可能,应该是纳资捐贡,也即出钱买一个贡生的身份,所谓"例贡"是也,而非捐中书舍人。有了例贡这个身份,到了康熙十八年,他被授予中书舍人,才显得顺理成章。

吴之振有三首作于此次进京途中的诗,诗题为《杂兴》,其中第二首,对研究他第二次进京目的非常重要,录下:

风雅催颓门户衰,独留淳朴可嫌痴。

懒寻麦饭过丘嫂，肯哺藜藿饲两儿。
寒乞自应删谱牒，逍遥别作一宗支。
中郎阿大如公等，车骑喧阗总隔篱。

从这首诗来看，在吴之振进京之前，吴氏家族应该发生了非常重大的矛盾，以至于他生气到"自应删谱牒，别作一宗支"的地步，不愿把他们当自家人看了。这个矛盾，当然跟吴之振直接相关，从"懒寻麦饭过丘嫂"句看，他可能受到了族人极大的歧视，严重伤害了他的自尊心。从全诗分析，这种歧视，应该来源于功名事业，他之所以自称"寒乞"，盖源于此。因此，基本可以推定，吴之振此时还只是一个县学生，并没有捐纳中书舍人的资格，为了摆脱这种窘境，他必须先捐一个例贡，才有进取之资，至少可以少受白眼。"寒乞自应删谱牒，逍遥别作一宗支"只是他的气愤之辞，气归气，为了提高在家族的地位，他只好又一次远游了。

吴之振到北京之后，首先拜访的，是他的同乡好友兼姻亲劳之辨。劳之辨，字书升，康熙三年（1664）进士，选宏文院庶吉士；康熙五年（1666）授户部主事，累官至左副都御史，《清史稿》列其传。吴之振《黄叶村庄诗集》卷二，第一首为《自天津舍舟陆行》，第二首即为《抵书升寓即席口占，并怀乔三》，乔三，即朱雯，吴之振的县学同学，他与劳之辨同为康熙三年进士。这首诗开头即说"三年不见校书郎"，吴之振第一次赴京在康熙五年（1666），康熙六年返乡，此次相见，他们已经将近四年没有见面了，诗云"三年"，取其成数也，这个词汇亦是诗家喜欢用的。

《抵书升寓即席口占,并怀乔三》诗有一个自注:"行笈无长物,止携诗稿一帙。"吴之振所说的"诗稿",即他的第一部诗集《寻畅楼诗稿》。这部诗集,此时大概已经刊刻,他不仅送了一部给劳之辨,还送过汪懋麟,汪懋麟《酬吴孟举》诗云"寻畅楼中多秀句,把君一卷足移时",王士禄也有《读吴孟举寻畅楼近诗奉柬》诗。从诸家记述来看,吴之振第二次进京,不仅分送《宋诗钞》,他自己的《寻畅楼诗稿》也是一个重要的礼物。

吴之振的《寻畅楼诗稿》,后来续有增刊,最终定稿时,所收为康熙癸丑(1673)之前的作品,并请吕留良作序。此书今已失传,只存了吕留良的序言。但仔细分析,《寻畅楼诗稿》所收诗作,其下限为康熙癸丑,而《黄叶村庄诗集》卷二最后一首,正是《癸丑除夕杂诗》,因此,可以这样推测,《寻畅楼诗稿》尽管失传了,但其大部分作品,应该多存于《黄叶村庄诗集》卷一、卷二之中。当然也有不少缺失的作品,比如《黄叶村庄诗集》卷一有《重次前韵寄乔三》,而最初的次韵诗未编入。又如他与吴自牧、吕留良的《南前唱和诗》二十首,由他发起,作于顺治十八年(1661),吕留良诗今存,而吴之振的诗已经失传了。又据《黄叶村庄诗集》卷一《以元人集易旦中香盘》"南前往返成佳话"之句,高旦中应该也参与了南前唱和。

寻畅楼,是吴之振早年常用的斋号,后来逐渐被黄叶村庄、橙斋等代替,但陈廷敬在康熙五十一年(1712)写给吴之振的诗,还用《寻畅楼诗为吴孟举赋》这样的题目,这一年,吴之振已经七十三岁,可见寻畅楼在吴之振生命中的重要性。

吴之振第二次进京，赠送《宋诗钞》给当世名流，是一个影响巨大的文化事件。

《宋诗钞》从康熙二年（1663）夏开始编选，至康熙十年（1671）八月初集刊刻成书，前后历九年之久，共收录宋诗一百家，其中黄干、魏了翁、方逢辰、岳珂、朱淑真等十六家有目无书。在这九年之中，参加商讨、搜辑者有黄宗羲、吕留良、高旦中等人，唯吴之振、吴自牧两人始终其事，出资刊刻者亦为吴之振。吴之振在《宋诗钞·凡例》中写道：

> 癸卯之夏，余叔侄与晚村读书水生草堂，此选刻之始也。时甬东高旦中过晚村，姚江黄太冲亦因旦中来会。联床分檠，搜讨勘订，诸公之功居多焉。数年以来，太冲聚徒越中，旦中修文天上，晚村虽相晨夕，而林壑之志深，著书之兴浅。余两人补掇较雠，勉完残稿。思前后意致之不同，书成展卷，不禁慨然。

吕留良、吴之振推重宋诗，《宋诗钞》正是这一诗学主张的成果。在吕留良、吴之振之前，选编宋诗者也代不乏人，正如吕留良《宋诗钞序》所云：

> 万历间李蓘选宋诗，取其离远于宋而近附乎唐者，曹学佺亦云选始莱公，以其近唐调也。

但吕留良又说：

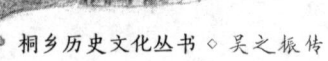

以此义选宋诗，其所谓唐终不可近也，而宋人之诗则已亡矣。

可见他们之选编宋诗，其义已别有所在。在明亡清兴这样一个特定的历史背景下，汉族士人每多亡国之痛、身世之感，自然会把自己所处的时代设想为宋、元之际，把自己的身份设想为宋遗民，吕留良就是其中的典型代表，而吴之振早年受吕留良思想影响很深，中年以后始与吕留良有所分歧，因此，他们两人，这时候都可归入明代的遗少。盖明之亡于清，与宋之亡于元，最为相似，汉族士大夫的家国民族之悲并无二致，故明之遗民对宋朝最富感情。质而言之，对宋的感情根本上就是对明朝的感情，惟不能显言，故借宋以寄托其故国之思，以隐寓其夷夏之辨。吕留良一生事事宗宋，也即事事宗明。

实际上，在康熙十年（1671）左右，江南反清形势逐渐衰落，清廷统治逐渐稳固，经过军事反清失败的吕留良，已经开始有意识地把主要精力转型为意识形态上的反清运动，借评点时文以阐发程朱理学、夷夏大防，选刻《宋诗钞》以寄托故国之思、培植民族精神，这些就是最典型的例子。这是一种自觉的文化行为，这种文化行为的真正目的是唤醒民族意识，为反清复明作好持久不息的意识形态上的准备；吴之振之赴京分赠《宋诗钞》给当时的上流社会，实质上就是为了更广泛地传播这种精神。而这一精神确实在一定程度上也影响了后来的很多资产阶级革命家，可以说，吕留良选编《宋诗钞》的真正目的在二百多年后得到了部分实现。如民国初年，章太炎亲至齐齐哈尔，探访吕氏后裔，称之为"老吕家"，尊之为"古革命家"。

宋之亡于元与明之亡于清固有相似之处，但清与元却又自有区别，元于宋制损益甚多，清则基本承袭明制，此其异也。清朝立国之初就以程朱之学作为正统思想，依然尊崇宋朝，因此，吕留良、吴之振选编《宋诗钞》，就在于找到了一个和当时统治阶级的共同点——"宗宋"。虽然他们之宗宋与清廷之宗宋，可以说完全同床异梦，但既与清廷统治者的主流意识并无矛盾，一可以规避政治风险，二可以借宗宋达到宗明斥清之目的，瞒天过海，一举两得。职是之故，《宋诗钞》之受到清廷权贵、明遗民等各阶层的广泛欢迎并迅速盛行，就不难理解了。后来乾隆帝有《鉴古堂》诗云：

> 步陟岩廊别一区，书堂初景咏含苏。
> 宋诗钞亦宛在架，之振可知今日无。

连号称"十全老人"这样精明的乾隆皇帝也竟然堕于吕留良、吴之振两人的彀中而不自知，蒙在鼓里而自鸣得意，吕留良、吴之振人之用思可谓巧矣！

《宋诗钞》的选编，在另一个层面上，则最终推动和造就了有清一代文学宋诗派的主流地位。自吴之振赴京分赠活动之后，宋荦《漫堂说诗》载：

> 近二十年来专尚宋诗，至余友吴孟举《宋诗钞》出，几于家有其书。

这种"尚宋诗"的风气一直发展到同光体而臻于极致，可谓与有清一代相终始，推厥所由，实即滥觞于吴之振分赠一役；《宋诗钞》之后，曹廷栋编《宋百家诗存》、厉鹗编《宋诗纪事》、陆心源编《宋诗纪事补遗》等，无不承《宋诗钞》之风而起。从这个意义上说，吕留良、吴之振二人以山林之士开清代三百年诗学风尚，厥功不可谓不伟！

吕留良是《宋诗钞》的大功臣，但后期参与不多，吴之振说："晚村虽相晨夕，而林壑之志深，著书之兴浅。"因此，为《宋诗钞》倾注大量时间、心血的乃是吴之振、吴自牧叔侄。吴自牧、吕留良去世以后，吴之振依然关心《宋诗钞》的续编工作，他有一首《寿高澹人学士》的诗，作于康熙二十九年（1690），时在吕留良去世七年之后了。诗中有个自注，说高澹人"寄《菊磵集》，补入《宋诗钞》中"。《菊磵集》是南宋诗人高菊磵的诗集，吴之振自己说"补入《宋诗钞》"，不知道有没有真的刊刻，但至少说明了吴之振对编选宋诗的一股韧劲。他甚至还与叶燮一起编《宋元诗选》，也可以说是对《宋诗钞》的一种精神延续。

吕留良去世以后，他的儿子吕葆中对《宋诗钞》的续选工作也比较关心，金张《岕老编年诗钞》康熙丙寅年（1686）下有一首《吕无党过，述赎取旧园，石径古梅殊伙，订余往游，送登舟，复留商榷〈宋诗钞〉而别》，从诗题可见，《宋诗钞》初集尽管已经刊行了十五年，但吕葆中在访问友人的时候，还继续不忘商讨《宋诗钞》的得失。

金张（1644—?），字介山，仁和县（今杭州余杭区）塘栖人，是清代初年一位隐逸诗人，诗学杨万里，吴之振极为推重他,有诗赞曰"溪南老子诚无敌,横卷新篇更绝尘",两人诗简往来数十年。金张是吕留良的粉丝,熟读吕留良的诗,甚至还用到自己的诗里去,如《蔗村买横潭经年矣,应垒石而不垒石,和前韵》末云"池馆斗家家,亦好充数目",自注说:"吕晚村诗:家家池馆有门风。"徐倬曾邀金张拜访吕留良,可惜因故未果,这成为金张终身的遗憾,所以他说"失奉生前一瓣香,而今舟怕访南阳",但他在跟吕葆中讨论《宋诗钞》时,没有阿私曲好,直言不讳地表达了自己的看法:余谓尚未尽善,独宋人"魔""腐"二道,删汰殆尽。这与他祝贺吴之振生日诗所说"北来南去说其人,誉者虽多谤亦频"一样,足见其人的真率。

康熙十年(1671)十月初三前后,吴之振到达京城,随即租了一个房子暂住,很巧,他的暂居地坐落在某条巷子的南面,这条巷子的北面,则是师若琪的寓所。师若琪,字左珣,直隶安肃人,康熙三年(1664)进士,与劳之辨同榜。吴之振、师若琪"所居虽同巷,颜面不相识",后来在劳之辨寓所,两人才始认识。因为居处相近,从此里巷相过从,日日清谈常到晚,师若琪也说"人生何必总角交,倾盖如故投漆胶",两人建立起了非常深厚的友谊。

吴之振闲居无聊,师若琪就借给吴之振一匹马,吴之振说"有马许借乘,此风真太古",特别感恩。从此,吴之振经常独自骑马出游,因此便有了《景物诗》三十三首,他将出游所见,举凡风俗、名物、饮食等,一一记录,至今读来,趣味盎然,使人想见三百年前的北京,充满着诗意的温馨。

吴之振有诗赠师若琪,题名《后逼仄行赠师左珣》,诗中写道:"暮骑来看慈仁松,晓骑去踏卢沟月。"到了卢沟桥,又不觉触动了他的乡思,赋诗道"烟雾苍茫欲断肠,半窥新月白如霜。卢沟桥下桑干水,直寄闲愁到故乡"。多年以前,笔者寓居卢沟桥附近,偶然读到吴之振的诗,不禁低回久之,似乎与同乡先辈来了一个隔着三百年的心灵呼应。

吴之振在京师的新交,关系特别要好的,除了师若琪,还有汪懋麟。汪懋麟(1640—1688),字季用,号蛟门,扬州江都人,与汪楫并称"二汪",康熙六年(1667)进士,官刑部主事,徐乾学称他"海内才杰士也,于学无所不窥,下笔妙天下,而尤长于诗"。吴之振第二次进京,与汪懋麟倾盖如故,友谊迅速升温,他在《赠汪蛟门》诗中说"拟效云龙相傍合,四方上下肯教离",用韩昌黎《醉留东野》诗意,希望能与汪懋麟终身相随。汪懋麟也说"相逢好订千秋约,小别还堪十日诗",可见他们两个特别谈得来。汪懋麟纳了小妾,吴之振虽然与他是新朋友,却作了四首绝句调侃他,两人关系之投合无间,由此可见。

吴之振与汪懋麟从康熙十年(1671)相识,一直到康熙二十七年(1688)汪懋麟去世,两人相交十七年,始终无间。康熙十一年(1672)二月,吴之振离京返乡,汪懋麟赋诗赠行,诗题为《送孟举归石门,用昌黎东都遇春韵》,此诗作法高古,非泛泛酬应之辞,对了解吴之振此次赴京的情况,很有价值,此录下:

　　元音久寂寞,繁响敢争竞。
　　蝉蜩莽噪聒,杂乱互相映。

第三章 手挟诗抄万卷走,重来辇毂听霜钟

丑妇强刻画,自谓颜色艳。
比户讲风雅,实为声律病。
州钱有吴子,挺才果奇横。
学古具深识,眦目耀双镜。
藏书富倚顿,一一手批评。
论诗喜宋人,岂独唐为盛。
吐辞洵惊众,俗耳不敢听。
掇辑一百家,寝兴废朝暝。
论断小序严,简洁颇易省。
搜罗尽遗逸,遂使两宋磬。
作者虽醇疵,采风有变正。
余懒困束缚,有如虎蹈井。
低头耻摇尾,渐失强悍性。
出处偶错料,老女误受聘。
挥手羡子归,扁舟好游泳。
春山幽复深,语水绿且净。
携筐见采桑,弄杼闻织经。
子本吴越雄,漫浪甘斥迸。
还加当艳阳,乐事一时并。
念此神飞扬,令我妒吴孟。
吟诗呼狂狷,饮酒辨贤圣。
壮观河岳归,笔力更遒劲。
示我舟行记,山川与时令。
妇子喜笑迎,作食举案敬。

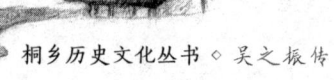

> 山居果然乐,功名薄建庆。
> 君才辟万夫,奈何艰一命。
> 努力期重来,千秋与子竞。

今存《赠行诗册》没有收录这首诗,由此可见,当时赋诗赠行的人,当不止《赠行诗册》中的二十八位。汪懋麟期待吴之振"努力期重来",而吴之振终身没有再到京城。七年以后,汪懋麟到石门县城访吴之振,吴之振听闻故友驾临,"著屐惊余到,开轩一笑迎",惊喜不已。两人"细述编诗意,频嗟久别情",以至于汪懋麟"不复计归程",宾至如归,一时竟忘记了回家。

康熙二十七年(1688),汪懋麟在扬州去世,吴之振闻讯,立即渡江吊唁,并赋诗云"琴声无复钟期在",知己云亡,感伤不已。如此远道吊人,是《黄叶村庄诗集》中唯一的一次,这也是吴之振平生最后一次的过江之行。

吴之振第二次京师之行,结识了很多达官贵人、诗坛名流,通过诗酒唱和,赠送《宋诗钞》,他的个人影响也日益扩大。吴之振特别钦佩王士禄、王士禛兄弟的诗才,自称"我是二苏门下客",极致服膺之忱。二苏,即指二王兄弟。康熙十一年(1672),吴之振从京师返回家乡,就马上精选了王士禄、王士禛、宋琬、施闰章、陈廷敬、沈荃、程可则、曹尔堪等八人的诗作,辑为《八家诗钞》,在自家的鉴古堂刊刻行世。据王士禛为其兄王士禄所作的《王考功年谱》记载:

> 石门吴孟举之振撰定先生及诸公诗,都为一集,盛传于代。

《王考功年谱》系此事于康熙十年（1671），可见吴之振刚到京不久，就开始着手编选《八家诗钞》，至次年回乡即予刊刻。此书出版后"盛传于代"，影响不小，吕留良也曾在南京卖过《八家诗钞》。

八家诗钞

有一点值得注意,吴之振第二次赴京时与王士禄、王士禛相识,并以"二苏门下客"自居,不仅送《宋诗钞》给王氏昆仲,还慷慨地将宋版《徂徕集》赠送王士禛。但到了晚年,吴之振的态度却完全转变,他在七十五岁时所作的《长留集序》中,对王士禛的"神韵说"提出了严厉的批评,堪称全面否定。由此可见,吴之振诗学主张的完全成熟,至少是在第二次赴京之后。这时候他虽然提倡宋诗,其实尚未能尽脱时贤范围。

京师的寓居生涯,尽管遨游多新欢,但一个南方人,到了三千里外的京城,虽说第二次来,其实与第一次一样,仍然是陌生的。除了生活上的不习惯,还有乡愁离思的折磨,京城于他而言,无非是一座无边无际的愁城,江山信美,终非吾土,盆花可爱,偶一见之,想起的却是"惆怅故园千树雪,谁人为我倚阑干";一听见铁哨子响,心正春撞踩铁骑,那堪重听此时声。他甚至觉得:都下无游览地,止慈仁数松下颇可啸咏。新知旧雨,时相聚会,然而热闹只是一种假象,每到晚上,万人如海,独归寓所,便觉得冷冷清清。吴之振是一个恋家的人,惆怅离情消不得,酒量亦因此大增。有时"长夜不得睡,起踏中庭月",感叹"我本澹荡人,高怀宁汩没",对这次京师之行,又起了质疑。他乡生涯,最为难过的,自是过年时分。康熙十年(1671)的除夕,吴之振在同乡好友劳之辨的寓所度岁,他赋诗道:

三十二年同水泡,重来辇毂听霜钟。
古人慰藉原非客,樽酒殷勤不放空。
细剉春葱非脍白,旋添兽炭拨炉红。

妻孥守岁团栾坐,饮到屠苏说阿翁。

劳之辨已在京城寓居了六七年,他作的诗,比吴之振显得淡定得多:

> 浮沉惯作客中身,又见椒盘此时陈。
> 樽前酒非燕市酒,座中人是故乡人。
> 三千里外怜儿女,六十堂前忆老亲。
> 雪意旋消回暖律,梅花早逗隔年春。

吴之振"本是卧龙岗上散淡的人",开了年,终于下定决心,正月底回乡。然而燕地苦寒,河水冰封,一时开不了船,只好再等一段时间,吴之振《作景物诗竟柬书升索和》诗云:"我因河冻滞归期,君为官闲喜问奇。寄语长安千万户,几人并日苦吟诗。"一颗似箭的归心,在孤寂中等待,这时候做的诗,也都是带着苦味的。

吴之振是个特别细心的人,在将要回乡之时,特意出门买了鸡舌香、甜香,托人寄给劳夫人,并一连写了《将归寄内并寄鸡舌香、甜香各一夜》八首七绝,妥妥地在十七世纪的诗坛上撒了一把狗粮。

朋友们知道了吴之振即将回乡的消息,纷纷作诗赠行,这就是《黄叶村庄诗集》卷首《赠行诗册》的来历。《赠行诗册》中收录二十八人的诗作,这是清代文学对吴之振的慷慨馈赠,比获得一个区区贡生、中书,荣光多了。有了这份馈赠,吴之振大可以从此悠游林下了。这部诗册的真迹,后来成为吴之振子孙世守的传家宝,至今尚存于世。

俞国林、郁震宏《对赠行诗册、种菜诗册背后的文化解读》一文中说:

> 综观《赠行诗册》中作者,以清廷新贵为主,兼有明代遗民,总计二十八人。这些人中,获进士一甲的有四人(两状元、一榜眼、一探花),官至大学士的有四人,此两项各占总人数的七分之一;官至正三品以上的官员共十三人,几占总数的一半。所以可以这么说,《赠行诗册》所反映出来的信息,堪称是中国十七世纪中后期庙堂精英与山林精英的一次近距离、高质量的文化互动,也是中断近数十年的南北精英文化的大规模互动。

以诗文赠行,是中国古代一种特别有趣的文化现象。这里将《赠行诗册》作品及其作者作一个简单的介绍:

一、周弘(1637—1705),字子重,号缄斋,无锡人,康熙三年(1664)进士,官至翰林院侍讲学士。

> 春寒云不开,冻压虚窗白。
> 吴子驱车过,入门映冰雪。
> 言将挂南帆,暂归清溪宅。
> 东风二月时,冻解荡兰楫。
> 历历江山春,卷入诗筒碧。

此行度寒食,风物探奇杰。
应复念故人,回首燕山月。

王风既以微,屈宋称作者。
乾坤产斯人,万古割喑哑。
世变激颓波,体制日趋下。
蛙鸣竞鼓吹,扬灰孰能洒。
喆匠乃挺生,廓然还大雅。
力掣抟空鹰,气禁汗血马。
山川靡潜姿,万态入陶写。
展诵寻畅诗,曲高和弥寡。

二、许宾,字于王,福州人,顺治八年(1651)举人。

新柳新莺酒数巡,半肩行李踏青春。
北雍昔列三千士,南国今推第一人。
宋代文章搜废簏,唐家诗赋属功臣。
水生阶下花如锦,正好呼童扫作茵。

三、张鹏(1627—1689),字抟万,号南溟,丹徒人,顺治十八年(1661)进士,官至吏部侍郎。

满怀冰雪诵君诗,挥手青门二月时。
去日清风摇玉策,到家深树坐黄鹂。

春歌一曲谁能和，骏骨千金岂受羁。
迢递西陵无限意，桃花流水重相思。

延陵公子本翩翩，岸帻狂歌正少年。
尔溯沧波移剡棹，我辜绿酒醉吴船。
士龙洛下名偏重，司马长门赋独传。
知有秋风抟羽翰，岂容华发照青毡。

群呼伐木剧知音，错落觥筹寒夜吟。
断雁乍挥才子泪，涂车独怆故交心。
应留宝剑悬孤树，罢鼓高山擗素琴。
再过苕溪傍烟水，最怜人去落花深。

百尺高寒寻畅楼，楼中人似晋风流。
窗虚积翠千峰入，门远清溪一水幽。
短策东庄看旧雨，长吟西子索新笯。
季鹰亦有莼鲈兴，何日重期汗漫游。

四、李棠，字绍林，临桂人，康熙三年（1664）进士，官御史。

国士风流辇下传，归装行李只萧然。
匣中剑气常横斗，梦里笔花直捴天。
壮志崚嶒随马首，离怀缱绻寄樽前。
西湖秋色今年好，桂蕊喷香带月看。

五、刘谦吉（1623—1709），字讱庵，号雪作老人，淮安人，康熙三年（1664）进士，官至山东提学道。

> 吴郎来醉长安酒，手挟诗抄万卷走。
> 去岁秋风大道傍，瞥见握鞭过官柳。
> 天寒同哭太史门，君以兄弟我师友。
> 自是文章论渊源，至今挥泪常盈肘。
> 吁嗟哉，与君订交未言久，不嫌通家无盐丑。
> 燕昭台畔有黄金，何为遽别春盘韭。
> 锋下棱棱星电光，笥中瑟瑟蛇龙吼。
> 江南佳树正芳菲，石鼓歌成薄蝌蚪。
> 千里江流双昼桡，四月黄梅先到口。
> 石门自有仲蔚居，肯念羁栖宦游否？

六、李天馥（1637—1699），字湘北，合肥人，顺治十五年（1658）进士，官至武英殿大学士。

> 相遇梅花发，相别柳条长。
> 良会几何时，忽言归故乡。
> 极目怅远天，白云东南翔。
> 徒御一何遽，忍为参与商。
> 去去不可留，春风愁河梁。
> 赠子以自爱，道路修以长。
> 努力副盛名，蚤充王者香。

毋为久凝滞,沾沾怀沧浪。

七、姜希辙(?—1698),字二滨,号定庵,绍兴人,明崇祯间举人,入清官至奉天府丞。

佩笔来京国,初名尽擅场。
删诗初定宋,作赋久推梁。
羽翮凌空近,林园引趣长。
春风挥袂别,时忆五湖旁。

八、陈祚明,字胤倩,号稽留山人,仁和人。

论诗莫为昔人囿,中唐以下侪郐后。
何代何贤无性情,时哉吴子发其覆。
丹黄十载心目劳,南北两宋撰集就。
名家大篇各林立,镂版传人百世寿。
亦师李杜惨淡成,不与齐梁靡丽斗。
任真胸臆自倾吐,得意才华故奔凑。
莫拘格调嫌薄弱,难得篇章安结构。
近时浮响日粗疏,矫枉宜将是书救。
我开卷帙三叹息,目多未见惭固陋。
大雅何当正始闻,斯文实恐歧途谬。
布衣羸马在风尘,卖田刻书四壁贫。
独有声名长不朽,表彰先哲惠来人。

九、陈廷敬（1639—1712），初名敬，字子端，号说岩，晋城人，顺治十五年（1658）进士，官至文渊阁大学士。

雪晴夜阑灯花长，梁园祖席飞华觞。
风笛数声回塞雁，骊歌同听是他乡。
燕山城头落月白，罢酒登楼念遥昔。
江上桃花春水生，孤舟怊怅南归客。

十、陈维岳（1636—？），字纬云，宜兴人，陈维崧弟。

倜傥佳公子，风流属我徒。
看碑来太学，腰卷出皇都。
马上一声笛，花前三尺垆。
凌云试回首，烟月未全孤。

老作长安客，春风屡断魂。
柳条临御水，芳草送王孙。
孺子狂名误，延陵古道存。
石门渔猎暇，书札慰寒暄。

十一、徐乾学（1631—1694），字原一，号健庵，昆山人，康熙九年（1670）探花，官至刑部尚书。

软尘十丈暗金堤，客向离筵听马嘶。

北地三春迟柳色，青山一路有莺啼。
吟诗驿馆传新句，挂席烟波问旧溪。
京国故人多惜别，几时樽酒更相携。

十二、赵随，嘉兴人，康熙六年（1667）进士，官至福建提学道。

握手宁知倾盖疏，重君才望近黄初。
花潭竹坞题诗遍，绮陌雕栏跃马馀。
吴会观风推季子，茂陵作赋拟相如。
春帆应有虔刀赠，莫倚朱门叹曳裾。

十三、张玉书(1642—1711)，字素存，顺治十八年（1661）进士，官至文华殿大学士兼户部尚书。

残雪官桥路，莺啼送客亭。
人归芳草绿，春入片帆青。
摩碣收奇字，囊书拥石经。
清流真第一，相望莫云停。

暇日余清啸，斋楼雅羽觞。
乐能观六代，诗不袭三唐。
雨过芙蓉暗，风生粳稻香。
东庄人卧处，纵艇到沧浪。

十四、陈论（1636—1709），字谢浮，号丙斋，海宁人，康熙三年（1664）进士，官至刑部侍郎。

　　燕山春冷雪花飞，醉挽骊驹送客归。
　　驿路自寻经处咏，乡关人识去时衣。
　　疏狂诗句怜君健，落拓门风似我稀。
　　京洛贵人多折节，梦魂还恐哄轻肥。

十五、田雯（1635—1704），字紫纶、纶霞，号漪亭，自号山姜子，晚号蒙斋，德州人，康熙三年（1664）进士，官至江苏巡抚。

　　延陵旧公子，结客渡江来。
　　裘马燕台路，文章洛下才。
　　看山雪满屐，作赋夜衔杯。
　　不厌饥方朔，招寻日几回。

　　客舍华阳馆，停鞭此共过。
　　人吟红药醉，山爱翠微多。
　　风雅扶元宋，才名继李何。
　　闲临易水上，系筑更狂歌。

　　玉河新水涨，堤上柳初烟。
　　尘满青门外，人归燕社前。

药苗春坼甲，书带绿随鞭。
二月多风雨，花朝最可怜。

积雪消晴昼，束装春正宜。
风微鸿翼缓，沙重马蹄迟。
野渡听鹂处，旗亭贳酒时。
江乡芳草路，落日正离离。

解缆方新柳，还家及碧桃。
青山迎旧侣，白社泛轻舠。
老较诗篇细，人称我悲豪。
金门倘相忆，清梦散江皋。

十六、李元振（1635—1719），字贞孟，号畅园，柘城人，康熙三年（1664）榜眼，翰林院编修。

我方辞北阙，君亦日南归。
道路经时阔，文章万丈辉。
春江花几树，夜月梦双扉。
勉矣扶摇上，相期挂萼䩅。

十七、黄瓒，生平待考。

太史曾交好，于今十载逢。

删诗存有宋，高论欲为宗。
献赋秋云薄，归吟春树浓。
羁孤那忍别，何计得相从。

恨予都草草，晤少为书囚。
去去皆佳语，行行独未休。
花枝寻好句，兰桨荡清流。
若见高人问，看山作此游。

十八、卫既齐（？—1700），字伯严，猗氏人，康熙三年（1664）进士，官至顺天府尹。

韦布千秋业，自不羡冠盖。
时复出周游，订交遗缟带。
岂曰广结纳，吾道求同气。
当其感召时，瘭寐若夙契。
时代不为阻，道路何足计。
吴子入洛来，顾我不遐鄙。
仿佛曾相识，古处以为志。
启口无华言，问余日所事。
今人忽自失，回首竟何是。
从宦不能工，读书不能记。
茫茫尘寰中，形神徒劳弊。
幸参道养微，更析音韵义。

宋诗百余卷，大雅赖不坠。
遗我近思录，复见原次第。
锲刻古遗书，不必自衔枝。
方期偕晨夕，探赜辨同异。
悲闻王母讣，恸绝人事废。
匍匐衰病中，感君时相慰。
我今促行橐，陈情有余愧。
君亦返归棹，招隐旧所憩。
何时重晤言，一朝叹分袂。
共勖青松节，千里神相示。

十九、蔡启傅(1619—1683)，字硕公，号昆旸，德清人，康熙九年（1670）状元，官右春坊右赞善。

故人把袂在皇州，又送归帆纵远眸。
春路芳菲忘是客，延陵风调孰为俦。
百篇似尔才无敌，万轴多君手自雠。
此去月明频载酒，翩翩紫绮羡仙裘。

二十、严我斯（1629—？），字就斯，一字存庵，归安人，康熙三年（1664）状元，官至礼部左侍郎。

古人重结交，生死义不殊。
今人薄义气，骨肉委路衢。

煌煌京华路，奕奕冠盖徒。
轮蹄日驰逐，声利营斯须。
咄哉吴季子，踟蹰燕市隅。
白眼看时辈，高谊青云俱。
同时两执友，相继归黄垆。
乡关既寥廓，诀绝无妻孥。
感君推中肠，终始以相扶。
生为治参苓，殁为理衾襦。
古道见沦丧，此谊令人无。
我歌结交篇，慷慨声乌乌。
歌罢酌君酒，送君归南湖。
川原莽萧瑟，雨雪方载涂。
顾君加餐饭，努力事驰驱。
早晚黄金台，拂拭骅骝驹。

二十一、高珩(1612—1697)，字葱佩，别字念东，晚号紫霞道人，淄川人，崇祯十六年（1643）进士，入清官至左副都御史。

冰泮金清燕子飞，白蘋香忆钓鱼矶。
千秋侨盼重相见，季子新从上国归。

莫云删后便诗亡，百代词人各擅场。
烁破四天临滴眼，尘沙无尽夜珠光。

二十二、王士禄（1626—1673），字子底，一字伯受，号西樵，新城人，顺治十二年（1655）进士，官吏部主事。

夙昔怀尚友，遥集空所钦。
揭来菰芦中，伟人忽见寻。
吾子信瑰奇，卓荦观古今。
穷年事纂述，所志非书淫。
一朝游京华，高名辈翰林。
自濯马周足，耻碎陈生琴。
颇幸托古欢，谊如带与襟。
春风漾归舟，恻然感我心。
杰士奋天藻，进期为国琛。
不则匿景光，龙隐蟠幽深。
愧我金门踪，悠悠混陆沈。
吾子执有余，出处堪自斟。
酒尽青门中，情驰语溪阴。
何以送将归，试歌梁父吟。

二十三、梁清标（1620—1691），字玉立，号棠村、蕉林、苍岩，真定人，明崇祯十六年（1643）进士，入清官至保和殿大学士。

江东才子建安俦，入洛担簦侈壮游。
樽酒从容燕市筑，奚囊蕴藉潞河舟。
中宵笑语瞻风貌，千古文章力校雠。

归去湖山多著述，牙签玉轴满书楼。

二十四、严沆（1617—1678），字子餐，一字颢亭，号少卿，余杭人，顺治十二年（1655）进士，官至户部侍郎。

> 靡丽争鸣久，繁芜失性情。
> 删诗存两宋，开卷有余清。
> 佳句从心得，颓流仰力争。
> 莫嫌身衣褐，纸贵洛阳城。

二十五、王士禛（1634—1711），字子真、贻上，号阮亭，又号渔洋山人，新城人，顺治十五年（1658）进士，官至刑部尚书。

> 吴郎挂帆忽南去，家在五湖最深处。
> 女阳亭北指州钱，夹岸垂杨几千树。
> 垂杨拂地映柴扉，系艇当门江燕飞。
> 社酒人归斗鸡道，春潮苔满钓鱼矶。
> 登堂插架书千卷，对此谁能逐轩冕。
> 隐囊纱帽最风流，茶具笔床何婉娈。
> 帝城二月雪飞花，送远逢春苦忆家。
> 梁园雪夜登楼客，目断吴江天际槎。

二十六、师若琪，字左珣，安肃人，康熙三年（1664）进士。

君来寒飙初凛冽，君去犹带梅花雪。
其间弹指能几时，况乃十日尝九别。
人生何必总角交，倾盖如故协漆胶。
葱菜麦饭不推却，酒酣耳热谨呶呶。
有时骑我款段马，踏遍长安阿兰若。
暮归得句满奚囊，却藉丝竹自陶写。
感君赠我宋人诗，感君赠我逼侧词。
殷勤宁为驽骀惜，字字使我心酸悲。
更闻佳手善为竹，愿得数竿医俗目。
读诗看升意无穷，他日相思寄此中。

二十七、沈皥日（1640—？），字融谷，号柘西，平湖人，以贡生知广西来宾县，历湖南辰州府同知。

吴子天下士，同乡两不识。
忽然走马入帝城，乌台绮席睹颜色。
昨日王郎苦相询，何夕何夕乐何极。
紫貂珠履珊瑚鞭，青缰玉佩黄金勒。
翩翩意气欲凌云，燕台百尺生羽翼。
落笔洒洒辙千言，云烟出谷峡倒源。
五车八斗不堪数，陆海潘江何足论。
书成蝌蚪银光透，兰亭飞舞龙蛇奔。
梦中曾闻吐白凤，一日名重金马门。
玉堂贵客兼莘谊，刘卢世亲多结契。

玳瑁为梁桂作堂，曳裾高坐天云际。
君也驰思出霞表，酒酣耳热生睥睨。
王谢家风阀阅新，荀陈地望旗常裔。
画省仙郎交有神，宗伯司寇惜笑噱。
龙门当代能有几，吐哺握发推老臣。
天南司马西清客，新城弟兄胸无尘。
为君抑气缔君欢，文章词赋偕相亲。
愧余偃蹇长安道，素冠缟衣心草草。
宗悫长风笔未投，舍人短袖门难扫。
感君不鄙枉我庐，贻我芸编胜天藻。
推襟送抱世所希，琼瑶锦缎羞言报。
方今圣人求贤良，顾君致身丽圭璋。
崇兰杜若光风转，枌榆弱植增芬芳。
丈夫得意须及早，挥毫常在御炉旁。
吹嘘铩翮抟九万，鹓鹩鸿鹄同翱翔。
余为□歌君为舞，拔剑斫地争饿虎。
漏下星息霜月低，傍若无人泪如雨。
他时出入承明中，莫忘故人菰芦处。
憔悴东阳剧可怜，寸心谁谓无千古。

二十八、陆元辅（1617—1691），字翼王，一字默庵，号菊隐，嘉定人，著名学者。

京都名利窟，所尚惟权势。

书生挟册来,半为锥刀计。
低头向华簪,谁能舒意气。
诗文鲜正言,满纸皆贡媚。
入眼欲昏花,触鼻辄呕哕。
既如蝉噪林,又似梦中寱。
岂惟听者厌,扪胸实自愧。
吴子颇清狂,娇娇能自异。
知心始缔交,肯谩投名刺。
公卿闻风趋,置酒欣把臂。
有时叱枭庐,折简招不至。
吟诗三百篇,醲醨有隽味。
不同剽贼徒,剪彩失真意。
众人骇且吁,识者笑相视。
昌黎遭大怪,奇文垂百世。
庐陵变时体,亦被小子议。
外物不能移,方称千古事。
斯言君已知,叮咛永勿坠。

这二十八人中,康熙三年(1664)进士有九人,占了三分之一,这是一个特别引人注目的现象。吴之振何以会跟康熙三年进士群有如此广泛的交集,究其原因,当然离不开劳之辨的介绍、引荐。可以说,吴之振在京师的交友圈,其中最关键的人物,无疑是劳之辨。

三

劳之辨，字书升，康熙三年（1664）进士，官至左副都御史。劳家与吴家一样，都是崇德县的名门望族。劳之辨的先祖劳源诚，本是余姚人，元朝末年在崇德州（今桐乡）做学录，后来就在崇德州城外的洲泉定居了下来。一百多年后的明朝成化二年（1466），洲泉劳家出了一个进士劳钺，字汝明，官至户科给事中，因为直谏，触怒了皇帝，也被打了屁股，逐回原籍。劳钺的侄子劳樟，正德五年（1510）举人，他做过很多地方的县令、推官，政绩突出，从来不随便听从秘书、老婆的闲话，因此被当时人称为"铁耳朵"。劳钺还有一个侄子，叫劳经，字守素，他自己没有什么花头，但是子孙为他争气的很多，出了非常多的进士、举人、贡监生，成为崇德县数一数二的大家族。劳之辨就是劳经的六世孙。

劳经从洲泉迁居到了崇德县南津乡一都，即现在崇福镇民利村，崇德劳家从此便分了南北两支。劳经迁居的时间，大约在十五世纪中叶左右。

劳氏耕读传家，到了劳经的孙子劳源手里，条件大约是非常好了，造起了大房子，取名"有谷堂"。劳源的孙子劳永嘉更争气，考上了万历二十九年（1601）的进士，官做到山东布政使，六十三岁辞官还乡，第二年便死了。这一年，劳之辨还没有出世。

劳永嘉在刑部做官的时候，正好遇到明代历史上著名的"三大案"之一的"梃击案"，官员们迅速站队，劳永嘉站在了东林党的对立面，因此常被所谓正人君子们诟病，他的同乡晚辈吕留良就骂他是贪官。但奇怪的是,他却与东林党领袖周顺昌是儿女亲家,可见历史并不是非黑即白的。劳永嘉的二儿子劳俶衍娶的便是周顺昌的女儿,周顺昌还有一个女婿是魏学洢,也即劳俶衍的连襟。周顺昌,不仅《明史》里有传,大家熟知的《五人墓碑记》,写的就是他被阉党逮捕所引发的群体性事件。

现在崇福镇的西横街上,有个劳布政使第,这就是劳永嘉的房子,这个房子本是嘉靖时候四川参议余龙津的,余龙津也是安邱里人,大概就是现在民利村东面荷花池人。余家后来衰弱了,就把县城里的房子卖给了劳永嘉,不过劳永嘉买了后,自己并不住,到了劳之辨手里,才重新装修。劳之辨回乡以及退休的时候,就常住在西横街的房子里,跟吴之振是邻居,两人多有唱和,相交一生,始终无间言。劳之辨跟吕留良也非常要好,他的孙媳妇就是吕留良的孙女,但吕留良的诗文集里从来不提劳之辨,大概因为劳之辨出仕清朝的缘故,这种态度便与吴之振不一样。

吴之振与劳之辨是同乡同里,又是姻亲,吴之振的夫人劳氏就是劳之辨的堂姑妈,因此,尽管劳之辨比吴之振大一岁,但从辈分上论,吴之振是长辈,劳之辨在与吴之振的唱和诗中,即称之为"吴丈孟举"。

吴之振计划正月底返乡,因为河冻,迟滞至二月十六日出崇文门,从此告别燕市红尘,不再远游,在石门县城悠然地做了一辈子太平闲人,直至七十八岁终老。

吴之振返乡途中,还做了一件事,十足地感动了朋友圈。话说吴之振刚到京城,在劳之辨的介绍下,认识了湖州人吴光、同县人郭演,很快就成为无话不谈的朋友。吴光(1629—1671),字长庚,顺治十八年(1661)探花。郭演,字寅客,崇德县人,崇祯十五年(1642)举人,入清官工部员外郎,吴之振《赠郭寅客水部》诗云"十里相违仅识名",两人同县,所居相去不远。然而很不幸,吴之振与他们刚刚相识,两人便相继去世。康熙三年(1664)状元严我斯与吴光是同乡同里,而且同岁,少小相交,感情至深,他写了好几首悼念吴光的诗,其中有一首云:

> 最是伤心处,家园正岁除。
> 老亲金作胜,稚子绣为裾。
> 忽忆趋庭日,俄惊绝笔书。
> 迢迢乡路远,何日返门闾。

满纸愁云,读来教人伤感。吴之振平生笃于风义,视朋友如性命,尽管他与吴光、郭演相交并不深,却出资经理了他们的丧事,并且护柩南还,这一举动,确实难能可贵。因此,严我斯赠行诗开篇即说"古人重结交,生死义不殊",特别钦佩吴之振。吴之振,真的堪称十七世纪的"朋友模范"。

第四章 十七从君学赋诗，廿年霜雪枉披襟

一

吴之振一生交游广泛，三教九流，无所不有，但他的朋友里，毫无疑问当以吕留良最为重要。

吴之振、吕留良是清初石门县文坛上的双子星座，他们两人的相识、相知，到后来的渐行渐远，是偶然，亦是一种必然。

吴之振小吕留良十一岁，两人相识于顺治十年（1653），吴之振十四岁，吕留良二十五岁。这一年，两人出应县试，并成为同届秀才。这时候，他们只是泛泛之交。真正走得特别近，进入"恋爱模式"，是在吴之振十六七岁时。

吴之振《晚树楼诗稿序》说"年十六七，始交晚村"。因为志趣相投，居处又相近，往来甚密，情如兄弟。吴之振《夏日口占四绝寄晚村兼示自牧侄》说："十七从君学赋诗。"可见，吴之振早年曾向吕留良请教过诗学，这在吕留良《奉和吴孟举见寄次韵得八首》也可以得到印证："坡老不逢王定国，穷人家具辄交谁。"俞国林先生《吕留良诗笺释》说："晚村此处以东坡自拟，以王定国拟孟举，意谓晚村若未遇孟举，则其作诗之本领，可传授与谁钦？"吴之振写了诗，常请吕留良修改，吕留良《奉

和吴孟举见寄次韵得八首》"木几横窗订旧诗,书来子建说违离。文章佳恶君须定,后世相知更有谁"可证。他们两人的诗风也相近,徐世昌《晚晴簃诗话》就说吕留良:"诗纯用宋法,风调雅近《黄叶村庄》。"

吴之振晚年为吴震方《晚树楼诗稿》作序的时候,吴自牧、吕留良早已作古,吴之振也已名满士林,他对于自己年轻时学诗的经历,说法起了变化。他说:

> 年十六七,始交晚村,又共摹初盛唐,互相眷错,乃数变而为宋人苏黄之诗。

这段话中,吴之振用了"共摹""互相"等词,与年轻时候所说的"从君学赋诗",意思已完全不同。从"从学"到"同学",这种词汇上的变化,恰恰反映了他微妙、复杂的心理。

顺治十四年(1657)至十六年(1659)间,陆雯若、吕留良在县城举文社,吕留良邀请吴之振参与,徐焕《吴母范太孺人传》说为"晚村每事引之为助"。当时的盛况,据吕留良的儿子吕公忠说:

> 先君一为之提唱,名流辐辏,玳筵珠履,会者常数千人。女阳百里间,遂为人伦奥区。诗筒文卷,流布寓内。人谓自复社以后,未有其盛。

这不免有夸大之嫌,但至少说明文社的规模不小。按照吕公忠的说法，文社是吕留良发起的，但吴之振的说法却稍有不同，三十年后，他在《次韵送范广文性孚之官天台》一诗中回忆说："士衡谈笑独登峰，把袂牵裾秪吕同。"则发起者是陆雯若，至少是陆、吕两人共同发起，而陆雯若居于主导地位。对于当年的文社，吴之振说："乘车戴笠人何在，深悔当年出肺肝。"对吕留良深致不满，当然，这时吕留良已经去世四五年了。

吴之振、吕留良早年相交，倡予和汝，感情至深，所谓"辄命相思笃，无烦驿使招"，三天两头聚会，不是在吕留良家的力行堂、水生草堂，便是在吴之振家的寻畅楼。吴之振说："此地自饶朋友乐，相期吾道未全疏。"吕留良则说："从今也拟相依傍，分取云龙合与谁。"希望一辈子不分离，简直可以用"热恋"来形容。

康熙五年（1666）之前，吴之振通过吕留良，得交黄宗羲、黄宗炎、高旦中、陈祖法、万斯选、万言等浙东朋友圈以及黄坤五、黄九烟等遗民。在此期间，吕留良向朋友圈发起"耦耕"的倡议，希望大家一起归隐南阳村，这其实是一个不切实际的乌托邦，当然不可能实现，但吕留良还是请谢文侯画了一幅《耦耕图》，算是聊以自慰。《耦耕图》中，只有吕留良、吴之振。很多年后，吴之振再次看到这幅画，触景生情，赋诗道："重披老泪沾羔袖，眼底悠悠孰与娱。"

吕留良开拓了吴之振的交游，吴之振也在生活上给予吕留良帮助，送钱谷，送山茧绸，送葛布，送茶叶，送砚台，送炭，送西香，无微不至，施者不厌。又据张履祥《言行见闻录》记载，吕留良姐夫朱韫斯家境贫寒，其父去世后，吴之振还帮忙资助送死之具，不仅帮助吕留良本人，连吕留良的亲戚也一并照顾，如此无微不至，可谓难得了。吕留良《与吴孟举书》说："受兄之惠，真更仆难数矣。"当然，后来两人关系不和时，吕留良干脆说："感恩有之，知己则未。"甚至说这些物质上的帮助是"犬马畜及也"，这不免说得过分了。

康熙五年（1666），对吕留良、吴之振来说，都是特别重要的一年。这一年，吕留良拒绝课试，被学使除名，革去秀才；又因为共买山阴澹生堂藏书，与黄宗羲之间起了纠纷，几近绝交。吴之振于是年八月往杭州赴乡试，名落孙山；同月，开始了他的第一次"北漂"。十几年来，吕留良、吴之振一直焦不离孟、孟不离焦，当时只道是寻常，吴之振的北行，使吕留良倍感孤寂，他赋诗道："千里寄君双眼去，三秋报我一镫深。"

吴之振在北行途中，最让他思念的，除了妻子、子女，便是吕留良。他在《九日》诗中写道："遥忆南阳诗酒伴，檀栾应得念吴郎。"在途中吃到蟹，第一想起的还是吕留良，并作《食蟹怀晚村》诗。"怀晚村"，成为他一路上的重大主题，他甚至在《怀晚村》诗的末尾，直接说："舟中频梦用晦。"这事倘若发生在现代社会，发个朋友圈的话，大概会让许多人吃醋的。

康熙六年（1667）至次年（1668），吴之振、吕留良的关系开始出现裂痕。吕留良《与沈起廷书》说自己与吴之振："表里无间者十有五年，而有刘胤楷、余兰之变，赖兄与诸友绾合。"刘胤楷是康熙四年至八年的石门知县，余兰则事迹不详。所谓"刘胤楷、余兰之变"，究系何事，今已不可考。此事幸赖沈廷起等人调解，吕留良、吴之振往来如故。吴之振《宋诗钞·凡例》说：

"晚村虽相晨夕,而林壑之志深,著书之兴浅。"相晨夕,说明交往仍然频繁;吕留良此时对《宋诗钞》没有像以前那样热心,"林壑之志深,著书之兴浅",大概跟刘胤楷、余兰之变所引起的吕、吴不和存在一定的关联。

康熙八年(1669),张履祥受吕留良之邀,到石门吕家设馆教书。张履祥劝吕留良等友人刊刻程朱遗书,吴之振就是一个重要的执行者,所以他第二次"北漂"的时候,不仅给名流们赠送《宋诗钞》,同时也送朱子《近思录》,如卫既齐《赠吴孟举》说:"宋诗百余卷,大雅赖不坠。遗我《近思录》,复见原次第。"也正因此,吴之振也被当时人称为"道学风流,当代景仰",其实,吴之振与张履祥、吕留良不同,他并不是道学家。

康熙十年(1671)八月,吴之振开始了第二次赴京之行,吕留良托他带信给徐倬,吴之振抵京后,有《柬徐方虎》一诗:

> 吕五南阳寄尺书,殷勤白也近何如。
> 缄縢药裹秋阴薄,屏挡诗囊夜雨疏。
> 东国旧传修禊事,南州新说聘贤车。
> 论文共买燕都酒,定有长篇慰岁除。

诗中"南州新说聘贤车"一句,说的是龚鼎孳委托徐方虎、朱彝三向吴之振转达邀请吕晚村至北京评选房书,并商量迎请之礼。吴之振毕竟是吕留良的知己,直接答复说:"晚村一至长安,则晚村先失其晚村,合肥又何取于晚村哉!"

吕留良知道此事后,感叹道:"孟举可谓深知我矣!"

尽管吴之振、吕留良此前已经出现不和,但十多年相交,知根知底,感情基础是坚固的。吴之振第二次赴京,吕留良非常关心,可以说无微不至,他写信给吴之振:

> 凡事尤当加意敛约,以坐馆为上,依友次之,断不可自借华寓,借华寓则必将供帐宴会,内无人必至畜姬妾,从此铺排,不可收拾矣。区区所祝,惟愿兄谨交游,远声伎,节浮费,啬精神,马吊之戏断勿复近,傍人劝服槐花饮子勿与商量而已。其中尤要慎赫奕之迹,古来文人失足,未始不因文字相知也。近日友朋在此中,大约只争目前些小得失,不复知有平生品行,蝇营狗苟,真不可令冷眼人静处笑看。

吴之振也依然视吕留良为"大哥",唯大哥马首是瞻。康熙十二年(1673)八月,吕留良得知沈廷起发起建造寺庙"小齐云",十分生气。因吕留良崇奉程朱理学,距佛甚严,于是出面力阻,事不果。于是写信给吴之振,希望吴之振出面,请石门知县杜森干预、制止:

> 此事惟兄能为,更无第二人能助力者,万祈留神行之,以必得为妙。庸人视此等事极懈极轻,弟视之则最切最重,平生热血,惟吾兄前可直洒,亦惟吾兄能扫拭之耳。

吴之振是个三教兼容的人,他自己说"竹洲精舍语溪南,白足黄冠尽盍簪",他家里,和尚、道士常来常往。可以想见,按照吴之振的性格，倘若吕留良不出面阻止"小齐云"，他不仅不会阻止，也许还会赞助一大笔钱。但碍于大哥的面子，吴之振不得不硬着头皮去做"恶人"，跟知县交涉几番，最终满足了吕留良的愿望。

康熙十三年（1674），友谊的小船说翻就翻，吕留良、吴之振终于分道扬镳，从此以后，两人很长一段时间没有见面的记录，各走各的道。事情的起因，据吕留良《与沈廷起书》说："舍侄为其仆所诈，则断断不可，弟以族主受诈，无不可也。"此事究竟如何，今已不可考。但无论如何，这种鸡毛蒜皮的事，只能说是导火线，而不是根本原因。吕留良《与沈廷起书》中说：

> 富贵利势，天下之同好也，必曰诗书礼义；参禅付法，古今名士多为之，必曰异端邪说之当辟；骄奢淫欲，得志于时者之所为也，必曰收敛保啬，毋逾绳墨；谐臣媚子，所以娱心志也，必曰亲君子远小人；戏弄博簺，讲习声技，豪家之风流，悦世之善物也，必曰是非君子之道，名教中自有乐地；凡吾所欲为，游吾门者皆当逢迎顺旨，虽否亦可，此忠于所事也，必曰是则是，非则非。一冰一炭，一朔一南，背驰辽绝。

从这段话中，吕留良给吴之振列举了"罪状"，比如参禅付法、骄奢淫欲、听信谐臣媚子、戏弄博簺、讲习声技等，凡此种种，都是吕留良平素十分看不惯的，他最痛恨"僧妓客游之徒"，训示子孙"僧尼老佛，不许往来"。吕留良在《客座私语》中又说"优剧素所痛恨"，《遗令》中也说"子孙虽贵显，不许于家中演戏"。

而吴之振则明确说自己是"妓院僧寮两结缘",一生娶了六个妾,而且在家中养有专门的戏班,他尤其不喜伪道学,所谓"拘人礼法计全非"。与吕留良的做法完全相反。因此,吴之振、吕留良的矛盾,看起来是生活方式的不同,其实是道学派与逍遥派的矛盾,根本原因是三观问题,也即古人所说的"道"。

吕留良希望与吴之振"同切劘于正人君子之途",于是多次正言劝谏,然而吴之振没有听从。吕留良认为,他与吴之振已经是一冰一炭、一朔一南,道不同不相为谋了。吕留良委托沈廷起转告吴之振:

> 今者孟举原未尝绝弟,弟自不可立于孟举之庭耳。吾兄往矣,致语孟举,江湖浩浩,游乎两忘之乡。

很明显,这是给吴之振的绝交书。

吕留良与吴之振绝交,他的朋友圈都觉得有点过分。董雨舟对吕留良说:"过此以往,纵有道义金兰接踵而得宁有如此者。"像吴之振这样好的朋友,到哪里去找?沈廷起也出面调解,但吕留良却说,他与吴之振:"所争在志趣,不在事迹。事迹可以修释,志趣不可以修释也。"说得很决绝,三观不同,没法做朋友了。

收到绝交的信息后,吴之振写下了《别燕》一诗,用比兴手法,对吕留良的"忘恩负义"予以讽刺,当然这都是气头上的话,吴之振向来为人厚道,他在诗的结尾,依然笔锋一转,意存温厚,交绝不出恶声:

秋来忽秋去，譬彼梁上燕。
寒热节乍更，飏去不一恋。
还记相识初，阑干护深院。
结巢玳瑁梁，高亚得稳善。
衔泥多点污，未忍略呵谴。
饮啄计及时，粮稻手亲选。
临风梳翅翎，毛羽光如练。
或虑虫虺侵，时防风雨战。
金铃响铿铮，鸷鸟目敢眩。
暇日集嘉宾，堂上开华宴。
凄迷杨柳丝，匼匝桃花片。
万唤复千呼，帘栊巧遮面。
唧啾弄好音，肯逊流莺啭。
清杨白雪词，的历明珠串。
爱护缚红绡，品鉴题黄绢。
鸾凰不发声，美誉一身擅。
双轮倏奔驶，流火若闪电。
绛帏卷桃笙，檀匳悲团扇。
瓷寒修绠绝，拨促繁弦变。
闲情薄秋云，去意同飞箭。
去去尔何之，他乡复异县。
何以赠将离，欲语气先咽。
留彼岁寒操，明年好相见。

与吴之振绝交以后，因为朋友圈都觉得吕留良的做法未免过分，而吕留良一向性格强势，他尽管在《谕大火帖》中说自己"吾平生徇友为人，自一身外，无所不可，然每不见德而见怨"，朋友们为什么多"不见德而见怨"，吕留良并没有反省，反而显得甚为负气。在与吴之振绝交后，他索性一不做二不休，写了《乡居偶书》，通告朋友圈：

某迁戾无状，屡获罪于贤豪。循省愆尤，两仪充塞。而硜硜之性，顽不可改，必将蹈国武之祸。用是屏迹邱樊，不复溷厕里党。所冀知交待以"移之远方，终身不齿"之例，爱我者譬某浪游未返，晤言虽渺，笔札可通；见恶者譬某已为异物，不见其人，亦将置之不校。则恩怨可以胥亡，是非可以不论。江湖浩浩，放此馀生，皆长者之赐也。城市义既不入，村中亦无礼数见宾，傥犹以往返驱使相责，有断不能奉命矣。

很明显，这是吕留良因为吴之振而"迁怒"到整个朋友圈了。其实，话说得越气愤越决绝，更见得他的心里越放不下吴之振。绝交，是对吴之振的伤害，更是一种自戕。

二十年友情，不堪一击，吴之振失望透顶，作了一首《书投赠诗卷后》，开始质疑友情，思考人生：

廿年霜雪柱披襟，道路修长底用寻。
冷热惊心催节序，烟云过眼看升沉。
人如菊淡终难靓，谊比饧甜误到今。

数见不鲜真解事，五湖偏得铸黄金。

二

同在一个县，真空式的绝交毕竟不可能。康熙十四年（1675），吴自牧将天下名士和吴之振的《种菜》诗拿给吕留良看，吕留良"恨屋及乌"，看了，认为"皆不堪置目"，一首也看不上，当然，他给吴自牧面子，还是写了唱和诗。这里有一个问题，《种菜唱和诗册》本是吴之振之物，吴自牧拿去给吕留良看，很明显是吴之振的一片苦心，名义上是请吕留良唱和，实际上暗含着复交的意思。而吕留良写的唱和诗，反把吴之振讽刺了一通。相比之下，吴之振却温厚得多。

康熙十九年（1680），清朝征聘山林隐逸，吕留良名列其中，他在《谕大火帖》中说"昨橙斋得燕中信，云荐举事近复纷纭"云云，可见这一年他们两人是有交往的，有没有见面，很难说。康熙二十年（1681）七月，吕留良建成观稼楼，写了诗，请吴之振唱和，吴之振和了四首，语意之间，都非常友好。

回头再说康熙十六年（1677）七月，吴自牧去世，吕留良《哭吴自牧契兄亲家文》："茫茫九区，我知者谁。曰君一人，而又如斯。"说天下之大，知己只有吴自牧一人，彻底将吴之振排除在外。二十年前对吴之振说的"从今也拟相依傍，分取云龙合与谁"这样的话，此时看来，简直就是一种自讽，无怪乎吴之振要说"谊比饧甜误到今"了。

康熙十七年（1678），衡阳周士仪来访吴之振。周士仪、吕留良神交已久，吴之振便陪他去访吕留良。吴之振、吕留良终于又见面了，而且又开始了友好的诗歌唱和，这是目前可知他们两人自绝交以来的唯一一次确定的会面。

周士仪突然出现在吴之振、吕留良的诗文中，都显得特别突然，特别神秘，这不免教人十分注目。陈祖武先生《吕留良散论》说：

> 据《吕晚村诗集》载，三藩乱起，吕留良曾与衡阳人周士仪有过一段往来，他先后就此写了三篇六首诗。吕留良将这几篇诗系于乙卯年，即康熙十四年，而他的弟子严鸿逵所作注，则记周士仪见访为康熙十七年八月。据称"《备忘录》乃子逐日亲记，诗次亦系手定"，之所以出现如此系年，只不过是"编次偶倒"。此事究竟发生于哪一年，因无从得见吕留良《备忘录》，只好存疑。我们倒怀疑这个周士仪很可能就来自吴三桂军中，而且大概也是他给吕留良带来了吴三桂的信"。

陈祖武先生的这段文字概括起来主要有二，一是周士仪访吕留良究竟是在哪一年，二是周士仪可能是吴三桂的说客。实际上，陈祖武先生关于这两个问题的看法，均可商榷。

周士仪于康熙十七年（1678）八月离开石门县，事见卞僧慧《吕留良年谱长编》卷十。那么，他究竟是什么时候到石门县的，也即是何时"客石门县知县署中"（卞僧慧《吕留良年谱长编》语）？

周士仪《秋感十二咏自序》末署"丁巳重阳后一日，语水寓人周士仪"，丁巳为康熙十六年，据知周士仪在是年已在石门县。还有一个旁证可以证明,周士仪《史贯》校订姓氏列有"吴尔尧自牧",按吴自牧卒在康熙十六年(1677)七月,可见周士仪是年七月前当已在石门县。又按康熙十六年(1677)涉园刻本《史贯》,前有康熙十五年吴之振序,据此,则周士仪康熙十五年(1676)或此前当已在石门县。综上可知,康熙十五年(1676)或稍前至康熙十七年八月,周士仪一直在石门县知县署中。

那么,周士仪来石门县,为什么会客居于知县署中?《船山师友记》卷十《周明经士仪》说,周士仪"作《史贯》十卷、《野获编》若干卷,书成,挟之出游"。但为什么要在石门县客居数年之久,是不是真如陈祖武先生所说的"很可能就来自吴三桂军中,而且大概也是他给吕留良带来了吴三桂的信",这个问题容后讨论。有一个人不可以忽略,即邝世培,邝世培于康熙十三年(1674)至十七年(1678)担任石门知县,见道光《石门县志》卷十一《职官表》。据道光《石门县志·名宦传》记载,邝世培,字晴岚,临武县人,临武县属衡州府桂阳州;周士仪,字令公,衡州府酃县人,见《船山师友记》卷十、《明遗民录》卷十一等。据此可知,邝、周二人实为同乡。康熙十七年刻本《史贯》,前有许三礼序云:

  语阳吴子容大过署,赍晴岚邝邑君手翰惠及同乡周令公孝廉《史贯》一书。

这一段话亦可印证上说。周士仪客石门达数年之久,具体原因虽不可考,但与邝世培必有大关系。因此,康熙十七年(1678)

八月周士仪离石门而回衡阳之日，也正是邝世培离石门县知县任之时。据此，不难理解两人之关系。进一步而言，周士仪初到石门县的时间，也很有可能是康熙十三年（1674），即邝世培赴任石门知县之时，他此行的工作，当是为邝世培作师爷。

这里需要补充的是，石门县署只是周士仪的工作地，他真正寓居的地方，是吴之振的黄叶村庄，吕留良《衡阳周令公见访村庄》"野航倚槛微曛后，梦绕江湖秋水清"自注："寓园水阁，名野航。"可证野航为周士仪寓所。吴之振《次晚村赠令公韵》也说："秋老湘江蒲十幅，野航灯火记分明。"野航，是黄叶村庄内的水阁房子。

周士仪访吕留良的时间，卞僧慧《吕留良年谱长编》卷十系于康熙十七年（1678）八月，但没有说明原因，盖据严鸿逵之说，其实这是准确的。陈祖武先生以为"无从得见吕留良《备忘录》，只好存疑"，实属千虑之失。按，吕留良《衡阳周令公见访村庄》诗云："四载闻声一面迟，虚堂落盏又离思。"说明吕留良闻周氏之名已有四年，至此始得相见。但两人见面之时，正是周士仪将离石门回衡阳之际，亦杜诗"忽漫相逢是别筵"之意，这是这首诗所透露出的非常明白的事实。

按周士仪离开石门县的时间，为康熙十七年（1678）八月，则周士仪访吕留良亦当在此时。又诗中有"四载闻声"之语，也透露出周士仪客居石门县的时间，当已有四年之久，这与吴之振《送令公归衡阳次留别原韵》"三年留泽国，一笑隔天涯"亦较吻合。周士仪在吴之振家寓居三四年，为什么迟迟不访吕留良，这大概跟吴、吕之间的绝交有关，而这次访问，也透露了一种信息,即吴之振、吕留良的关系已有所缓和,因此,康熙二十年(1681)他们两人又有了观稼楼唱和之举。

周士仪初到石门的时间,当为康熙十三年(1674),与邝世培任石门知县的时间正好重合,这也是合乎情理的。即使不这样理解,从上文的考述中,可知周士仪至少在康熙十五年(1676)已经在石门县署中,如果他果是来自吴三桂军中,而且为吴三桂带来信件给吕留良,那么,何必要等到两年之后的康熙十七年才把信件交给吕留良呢?

退一步说,假设周士仪访吕留良真的是在康熙十四年,并把吴三桂的信件交给吕留良,那么,他为什么迟迟不去吴三桂军中复命,而一直要到康熙十七年才回衡阳呢?可见陈祖武先生的推测于理难合。

其实,周士仪对于吴三桂的态度,严鸿逵所注吕留良《衡阳周令公见访村庄》已说得很明白:"时滇中作乱,欲购致周,周不往。"严氏亲炙晚村之门,言当可信。

康熙二十二年(1683)夏,金陵徐子贯到妙山访吕留良,吕留良赠以诗。同年八月十三日,吕留良去世,享年五十五岁。《黄叶村庄诗集》中,没有挽悼吕留良的诗。但有一首《读晚村病中赠金陵徐子贯诗有感次原韵》:

廿年求友江南北,眯眼黄金着黑沙。
宿草迷离高士冢,残书零落故侯家。
微吟病榻诗犹壮,欹笔寒藤力转加。
秋气无端摇木末,空山猿鹤动咨嗟。

从末两句看，此诗所作时间当在吕留良去世后不久，"空山猿鹤动咨嗟"，不妨看做吴之振对这位老友的哀悼！

吕留良去世以后，吴之振跟吕留良的学生祝兼山、董方白、陈大始等仍然交往甚密，与吕留良的儿子吕葆中更是一起去九里塘看牡丹，一起诗酒唱和。康熙甲戌（1694）年，吕留良去世十一年后，吴之振有《鹿床远寄新诗并示佛兰花绝句次韵奉寄》诗："两地古人悲宿草，廿年黄叶梦寒林。"自注："谓晚村。"同年冬，吴之振重阅《寻畅楼诗稿序》，感慨万千，写下识语：

此老友晚村序余癸丑以前作也。晚村墓有宿草。余年齿亦衰颓，学业日益荒落。重阅此序，念老友勉励之语，不觉泪渍于纸也。

这时，他们真的已经和解。

第五章　扁舟一棹归何处，家在江南黄叶村

一

黄叶村庄是吴之振的私家园林，康熙十二年（1673），三十四岁的吴之振置地买屋，开始修筑黄叶村庄。吴之振别号"竹洲居士"，晚年又号"黄叶老人""黄叶村农"，著有《黄叶村庄诗文集》，其名皆出于此。吴之振的后半生，"黄叶村农"便是他在文化界的代号。吴之振生前，黄叶村庄是文人雅集的胜地。逝后，庄园有所败落，但经后世修葺，仍存在了两百多年，其间不乏文人访胜探幽，作诗题咏。造房子素来是中国人的大事，建造黄叶村庄是吴之振为后世传颂的一件大事。

吴家世为望族，家境殷富，又书香传家，簪缨不绝。吴之振的父亲吴尚思生前就已经在崇福县城横街置办家业，到吴之振十五岁那年，劳氏又将守愚堂出让给了吴家。

守愚堂面积很大，据《洲钱吴氏宗谱》记载："守愚堂，橙斋公宅，在石门西门内西横街，第五进，濒河架木为桥，后门通街，直对五桂坊弄，中有兰庆堂，左偏玉纶堂，右偏橙斋书室、寻畅楼，毗连鉴古堂，亦有五进。"

尽管吴家是大户人家，食指众多，守愚堂里也该是足够居

住的。吴之振修筑黄叶村庄,并非是出于居住的刚性需求,不过是富贵人家的任性自由,筑别业以宴游宾客、读书终老罢了。

　　黄叶村庄在修筑之前,吴之振曾有过两次京师之行。对于修筑黄叶村庄,吴之振在第一次京师归途中已经做了美好的计划。康熙六年(1667),他在途中写下《连日不得酒饮殊苦戏作长句自解并自嘲也》:

去岁游京师,漫浪乖度量。尖风刺老眼,软尘陷双脚。
三百青绫刺,宁换墨盈橐。邀游多新欢,车笠失旧诺。
白昼喧街衢,黄昏锁帘幞。就月登南楼,觅睡到东阁。
肯索郑虔钱,空荷刘伶锸。长笺通姓名,素心终莫莫。
昔贤戒干糇,志士守藜藿。胡为轻此身,进与饮食博。
归计决翩然,挥手别京洛。乘流荡两桨,不愁春水涸。
犹幸故乡近,弗厌久离索。屈指春夏交,息肩释芝苖。
高吟归去来,此计定不错。犬熟傍衣裾,鸡喧啼膳膊。
开户草木光,绕檐乌鸟乐。闲闲桑者间,买田在西郭。
茅堂粗布置,泥壁新涂垩。嫩垂鹅黄丝,粉脱龙孙箨。
饼盎曲米香,糟床响竹筰。折柬招晚村,惠然弗我却。
木榻吱前荣,解衣楚盘礴。净洗万斛泥,疑滞写各各。
今人不足云,古人犹可作。回首车马尘,魂梦已如昨。

　　吴之振作此诗时大概在天津附近,出都不久,离家尚远。吴之振写诗自解,字里行间,见其归心。吴之振对京师没有什么留恋,他说"昔贤戒干糇,志士守藜藿""归计决翩然,挥手别京洛","高吟归去来,此计定不错",决心回归田园。吴之振还对未来做了想象,首先要"买田在西郭",在城西买一块好地建屋,屋子不需要太富贵,粗粗布置一下就行了,还要"折柬招晚村",请吕留良来做客。

吴之振对这个规划显然十分满意,舟行几日,又在《重过连儿窝次去年题壁韵怀自牧》一诗中重提:"卜筑西园真胜事,肯容痴叔共求田。"

不过吴之振回家后,将这个美好的想法搁置了六年。到康熙十二年(1673)农历一月,吴之振终于将计划变成现实。他在城西再次置地买屋,拓展了西园。此前吴之振已置有西园,因在城西,故称"西园"。买地以后,就正式开始筹建黄叶村庄。修筑完成的后黄叶村庄可不是诗中所想象的茅屋一间,庄内亭台楼榭,竹树掩映,花木繁多,自然雅致。吴之振的余生多在黄叶村庄消遣度过,其间,不少好友来访,在此诗酒唱和,宴游作乐,黄叶村庄名震一时。

士大夫建私家园林,总要取个好听的名字。吴之振一直都很喜欢苏东坡,"黄叶村庄"也取自苏东坡《书李世南所画秋景》一诗:

野水参差落涨痕,疏林欹倒出霜根。
扁舟一棹归何处,家在江南黄叶村。

苏东坡的这首诗,在当时即已出名,晁说之就画过《黄叶村庄图》,但毕竟只限于图画。吴之振会"玩",把这一文人理想化为现实，黄叶村庄一建成，即为文人雅士向往不已，成为江南著名园林。

吴之振属意苏东坡诗中所描绘的景色，野水疏林，归棹江南，悠然旷远中有山林隐逸之气象，令人向往。于是，取坡翁诗归棹之意，将自己的园林命名为"黄叶村庄"。吴之振好友叶燮在《黄叶村庄诗集序》也介绍说：

> 黄叶村庄，吾友孟举学古著书之所也。苏子瞻诗"家在江南黄叶村"，孟举好之而名其所居之庄者也。

康熙十二年（1673）农历一月，吴之振买好地，黄叶村庄也开始修建了。此时吴之振三十四岁，妻子劳氏所生长子吴宝林，年已六岁，小妾魏氏所生的吴宝庚也已经四岁了。这正是古人的标准"中年"。

二

黄叶村庄位于原石门县城西门外南沙滩（今崇福镇崇德西路），吴之振在《菜花四十一韵》中写：

> 春风动衣袂，游思生阶除。
> 况复出西郭，百步即吾庐。

可见，黄叶村庄距昔日西城门（素商门）仅百步之遥。

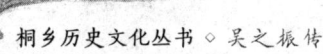

吴之振对黄叶村庄的选址很讲究，四邻富有诗意。

东面是慧庵，想必清雅，吴之振也是会去游玩的。西面桑麻十亩，吴之振在《次韵答盛宜公》中还有自注：西有土阜，俗人名为何城，盖南渡时显官墓道也。北临小河，正是江南小桥流水人家。南边则是石路，时有行人往来。黄叶村庄修筑于此，真是合了"黄叶村庄"四字营造起来的和谐氛围。

吴之振刚购得新屋时，屋子里面仅有秽土、野草野菜，辛夷长势颓废，腊梅又胡乱生长，一派荒废景象。他在《腊梅》一诗中形容：

> 癸丑孟春买此屋，埽除粪壤删汙莱。
> 屋中树木只两本，南荣辛夷北蜡梅。
> 辛夷半活半僵死，蜡梅经岁长条枚。

经过半年多的修建，黄叶村庄已经初具规模。是年八月，吴之振在《吴江朱长孺徐松过草堂投诗次韵寄答》一诗中，首次使用"黄叶村"名，诗中有"深衣人到白莲社，问讯书存黄叶村"一句。

黄叶村庄建成后，吴之振十分高兴，就请项奎画了《黄叶村庄图》。项奎是秀水（今浙江嘉兴）人，是诗人也是画家。

项奎对自己的《黄叶村庄图》十分满意，他有一首诗，题目叫《武林翁康怡进士于吴橙斋所，见余黄叶村庄卷，谓得古人之法，诧为必传，以宣德纸征画，藉销长夏，并题而归之》。语意之间，欣喜之情可见。

吴之振是特别会"玩"的人,项奎画了《黄叶村庄图》,又请当世名流如曹溶、吴绮等人题咏,成为清初画坛、诗坛一大盛事。这在吴之振一生所做的风雅韵事中,其影响绝不亚于《种菜》诗的唱和。这里录下几首,以见一斑。

题吴孟举黄叶村庄图

吴绮

闻道藏书别起楼,西园名士几同游。
十年梦到何年到,烂醉鸳湖万树秋。

昔年曾泛语儿溪,最爱斜阳绿影迷。
今日画图闲指点,草堂深处碧山齐。

题东井(项奎)画黄叶村庄图为吴孟举赠

曹溶

昔贤画品重人物,近代始用山水奇。
辋川北苑好标格,白战安藉胶粉为。
千年沿袭罕杰制,似策款段当金羁。
非关作者腕运薄,灵境未遇难力追。
吴乡胜迹细如发,其间坦迤失崄巇。
延陵先生擅丘壑,手挽嵩华开阶基。
沧江一道剪芒忽,卧对终日生清漪。
曲房仿佛美人下,广庭或与高僧期。
昨岁我曾掉船入,自起酌我白玉卮。

遍探窅邈至曛黑,妙得神解非掇皮。
木叶飘飘满溪路,傲岸恰与秋情宜。
一别已伤尘事隔,宁料复慰胸中思。
乃知敏手善体物,满眼萧瑟经营迟。
岂特纤毫极形似,意在写出凌霜姿。
据坐一挥夺万卷,四方宾客合不离。
项子累朝传画诀,谨师堂构加淋漓。
平居义不受煎逼,只取放浪酬心知。
此庄此图实交徵,肯学豪俊徒趋时。

康熙十四年(1675)七月,吴之振再次购置两亩多废圃,对黄叶村庄进行了一些扩建。吴之振在《种菜诗》中有注"买废圃二亩而赢"。至此,黄叶村庄的修筑全部完成。

颇为顺心得意的吴之振,在同年八月,又请侄孙吴震翱画了《黄叶村庄图》,用画笔记录下黄叶村庄当时的样貌。吴震翱款识:"卓庵黄叶便相宜,墨破秋光到砚池。绝似辋川丘壑胜,惭无妙笔拟王维。乙卯秋仲,五叔祖命写黄叶村庄图,并附断句求政。侄孙震翱。"吴震翱是吴之振二伯父吴尚德的曾孙,字皋羽,康熙十一年(1672)举人。

黄周星当年遁迹江南,写过长诗《黄叶村庄歌》,赞黄叶村庄为"江南第一村"。他又专门写了《黄叶村庄曲》《黄叶村庄四时曲》两套散曲,这在清初的园林史上是一个绝无仅有的现象,这里录下《黄叶村庄曲》,可为卧游之资。

黄叶村庄曲

【南仙吕入双调·沉醉东风】想伊人各天一方,咏霜兼竹庐无恙。新构个守愚堂,还有橙斋虚敞,端的是福地仙乡。别来呵草池梦长,今日里剡溪重访,谁知道又添个黄叶美庄!

【忒忒令】这庄呵!既不比平泉板腔,又非同辋川乔样。都是那天然丘壑,部署不寻常。只两字幽和旷,幽而爽,旷而纡,参差冠洛阳。

【品令】这庄呵!西郊数武,总不费车航。闲来独往,兴到便飞觞。高朋满座,还有响屧遶回廊。牙签万轴,无数名流酬唱。便金谷兰亭,也不及西园翰墨场。

【豆叶黄】你看那门题学圃,侧转村庄。且销磨种菜雄心,休认做箪瓢颜巷。这疏林野水,扁舟岸傍。真合着老苏佳句,真合着老苏佳句,家住在江村黄叶故乡。庄门颜曰:学圃。

【玉交枝】竹洲相望,草庐翁联辉一堂。亭名老友南宫丈,看寒山片在堪商。还有风潭百顷枕野航,苔矶濯足翻轻浪。听鹤唳声闻九苍,观鱼乐吾知濠上。庄中有竹州、草庐、老友亭、野航濯足处。

【月上海棠】再酌量,仙人每好居楼上。有岿然东阁,一笛悠扬。接连着书屋天香,似赵嘏小山吹唱。真奇畅,这烟霞经略,花月平章。有一笛楼,天香书屋。

【江儿水】这庄呵!既引游仙梦,还邻选佛场。有时忽发晨钟响,赋诗齐己茶堪饷,逃禅苏晋还添酿。况黄叶金钱非诳,纵有莺娘,又那怕法聪和尚。庄东邻有慧庵。

【川拨棹】休惆怅，笑人生总戏场！填新词好付霓裳，填新词好付霓裳，更流传龙韬锦囊。看东篱，晚菊香，一任他认陶潜，做阮郎。霓裳、龙韬，二歌童名。

【尾声】语溪自古多佳况，羡名士风流无两，这的是黄叶江南第一庄！

三

黄叶村庄的横空出世，一出为上，惊艳了当时的文化界。澹归和尚就说："予间过黄叶村庄，涉其径，则幽而深，登其堂，则轩而旷，察其部署，竹树丘壑，如阅数十百年之久，妙合自然。"他给予了高度的评价。

吴之振及其友人诗集中提及过黄叶村庄中的一些建筑。初建时，有一笛楼、野航、濯足亭、丛桂小山、竹洲草庐诸胜景。吴之振谢世后，后裔续有添建。

吴之振的八世孙吴滔曾画过《黄叶村庄图》，收录在《洲泉吴氏宗谱》中。如今，沧海桑田，黄叶村庄早已不复存在，且去画里做番游览。

黄叶村庄远处见山，外环河水。

山是临平山。平旷逶迤、丘壑妍美。

水是运河水。语溪之水，发源天目，环合城郭。

走近村庄，抬头即可见门口匾额上题了四个大字——黄叶村庄。这四字龙蛇飞舞，得力于右军大令家法深矣，正是园主吴之振的手笔。

进入黄叶村庄，更有山水之乐。

黄叶村庄内水很多，吴之振在《次惠元龙红豆书屋图韵》一诗中，将自己的黄叶村庄和惠元龙的红豆书屋作比较，写到："两家画卷相区别，输我涟漪水百弓。"可见，对于黄叶村庄内的水，吴之振是很称心如意的。

走进园门，便能望见荷花池。山石重叠高耸，水面波光粼粼，构成一派美好的山水风光，营造出自然意境。轩门连接荷花池两岸长廊，若是夏日，就可以凭栏赏荷，见得荷花在湖中娉婷，鱼戏莲叶间。湖边竹树萧然，极为幽静，通风则簌簌有声。

荷花池南是一笛楼。施钟成在《过黄叶村庄有感诗》中有"小楼横一笛，幽径茁双芝"。陈世修《重修黄叶村庄记》中载："南登一笛之楼，俯瞰墙以外菜花环拱而绣畦，远眺则雉堞参差，茅屋错落，皆为斯楼点缀入画，殆当日诸名人凭栏眺望，种菜之诗所为作乎？"可见，走上一笛楼，望而可见茂盛的菜花和错落的茅屋，带给人的是活泼泼的生活气。

园内还有濯足亭，濯足亭在一笛楼西侧。任振甲有诗《黄叶村庄即事》，诗中提到："濯足亭前野航外，平田一片夕阳闲。"取名"濯足"借屈原《渔夫》中"沧浪之水清兮，可以濯我缨；沧浪之水浊兮，可以濯我足"。表达园主高洁、傲岸的节操，流露出回归自然的隐逸情趣。

荷花池北岸有竹洲草庐，从图中可见，草庐的面积稍大些，可供歇足赏景。吴之振在《次韵答盛宜公》一诗中提及"竹洲精舍语溪南"。

吴震翰绘《黄叶村庄图》

吴滔绘《黄叶村庄图》

草庐之北，即为丛桂小山。汪振甲《黄叶村庄即事》诗云："桑柘阴中昼掩关，小山丛桂足跻攀。野薇落尽无人扫，寂历幽人自往还。"园可无山，不可无石。园内假山将千里江山浓缩于咫尺之间，叠砌不同形态的假山，既是崇尚自然的表现，也象征了不同园主的人生追求，是吴之振隐居思想的体现。

此景是吴之振专门请园林建筑大师张南垣的儿子建造的。张南垣，本是华亭人，后来迁居嘉兴，是明末清初最著名的垒石高手，受到董其昌、陈继儒的赞赏。吴梅村为之作传，称他为"艺而合于道者"。吴梅村《张南垣传》说："君有四子，能传父术。"可见他儿子也是子承父业，技艺超群。当时的达官贵人，都争相邀请张氏父子造园，名闻天下。吴之振请他来做丛桂小山，可见他对黄叶村庄的苦心经营。

荷花池西侧有一屋，名叫"野航"，取自杜甫诗句"秋水才深四五尺，野航恰受两三人"。此屋形如岸上之舟，也恰好契合了"扁舟一棹归何处，家在江南黄叶村"的诗意，想见主人的怡情适志。吴之振在《次宋斋韵》中提到"野航一叶浪出游，瞑暄乞求治老药"。许肇封《春晚游黄叶村庄》也提到："竹外寻幽坐野航，闲花无主自生香。"

黄叶村庄北部，是宸翰碑。"宸翰"即皇帝的墨迹，此碑和康熙皇帝有关。

康熙四十四年（1705），康熙皇帝第五次南巡。皇帝每次南巡，沿途都会召见还乡旧臣御赐，以此表彰、奖掖忠臣。前几次南巡，石门县得此殊荣的大人物有吴涵、劳之辨、张廷采、沈宁、吴震方。第五次南巡过石门县时，康熙御赐诗幅给顾镡和吴之振。

康熙皇帝赐给吴之振的是其亲临董其昌的诗幅："夜雨连朝春水生，娇云浓暖弄微晴。帘虚日薄花竹静，时有乳鸠相对鸣。"诗为苏舜钦的《初晴游沧浪亭》，这首诗当年曾被吴之振等人选入《宋诗钞》。康熙赐此诗幅，不知是否读过《宋诗钞》而刻意为之。得到御赐后，吴之振恭摹勒石置于此，称"宸翰碑"。

园之东北处，有亭翼然，是老友亭。吴学浚《洲钱吴氏宗谱》卷四谈到黄叶村庄，载："中有竹洲草庐、一笛楼、野航、老友亭、濯足亭、丛桂小山诸景。"

园内还有小蓬莱。胡滢《语溪棹歌》有"黄叶村庄载酒来，水边亭子小蓬莱"。吴之振有印一方，名"小蓬莱"，他常在自己的墨迹旁印上"小蓬莱"三字，他就是在小蓬莱西轩手书了范成大《四时田园》六十首、王羲之《兰亭序》。

荷花池东北侧还有补衲庵，是后人所建。丙子（1696）冬季，吴之振五十七岁时，经历了一场大火灾，四肢灼伤，幸而不死，乃自号"补衲庵主"。火灾以后，吴之振意愿再筑一屋，读书终老。不过，仅作一想，吴之振后来只是"平居坐卧一小阁"，未尝真正筑成补衲庵。画中的"补衲"则是吴之振之孙吴兰成在乾隆十九年(1754)修葺黄叶村庄后所题。

此外，在《次黄叶村庄茶话韵》中，吴之振写到"但喜山遮眼，何妨屋打头。榜题真乐国，人诧小瀛洲。"在丛桂小山附近的野航或竹洲草庐内，大概还有一屋曰真乐国。

黄叶村庄的建筑和布局大致如此。在布局上，以荷花池为中心，亭屋随宜布置，亭台廊榭，宛转其间。构建不拘泥于对称的格局，形式自由，仿若一幅幅自然山水画，淡雅别致。

四

吴之振是爱花之人。花木是园林中不可或缺的元素。有园无花,观感欠佳。

花木常被赋予人的情感品格,植物是黄叶村庄无声的语言,可以反映园主的处世态度与品格,因此,黄叶村庄中细微的植物也很值得一看。

吴之振曾写过《题宝芝画扇》(宝芝是他的第三子)。诗中描绘的就是画扇上的黄叶村庄景物:

> 南北休分弱与强,有花开处便芬芳。
> 衰年自得阶庭乐,领取兰芝一种香。
> 扶持老态一春强,十亩荒原百草芳。
> 农雨连旬蚕事薄,沿村难觅豆秸香。
> 诗韵当年弱斗强,牡丹十绝敛芬芳。
> 满园遍插寻常果,入座休夸异种强。

诗中可见,黄叶村庄中有花有果,花木不少。黄叶村庄中种植了哪些花木呢?从吴之振的诗集中可探一二。

梅花

文人大多都喜欢梅花。梅花常被冠以不畏严寒的坚贞品格。北宋隐逸诗人林和靖有"梅妻鹤子"之说,吴之振也很喜欢梅花,经常出门赏梅,黄叶村庄内种植梅花。《黄叶村庄偶占》一诗中,有如此描述:"三间老屋梅千树,十亩荒原水百弓。"黄叶村庄内最多的除了水，就是梅花。

兰花

吴之振在《次宝芝种花韵》中写到"只求厚德存家法，不爱闲花爱国香"，国香即是兰花。吴之振将厚德和国香联系在一起，取兰花高洁、贤德之意。

竹子

竹子傲立、平和、安定，文人墨客都喜爱竹子。吴之振倾心竹子，他会亲自移竹、种竹。吴之振善于画画，最擅长的就是画竹子。

黄叶村庄中种的最多的植物，要数梅花和竹子。吴之振有诗"家有积书岩，园多钟竹地"。《有问黄叶村庄风景者四叠阮字韵答之》一诗中，吴之振作诗答："断横低压梅千树，傍水周遭竹万竿。"《次步黄叶村庄韵》又有"高梧翠竹护西园"，想必黄叶村庄内竹树萧然。

有竹就一定有笋。吴之振记下："春雨蛰虫怒，箨龙一夜舒。"一场春雨过后，竹笋全冒出来了，也是好景。

菊花

菊花作为花中四君子之一，黄叶村庄中自然也少不了。吴之振在《次种菊韵》中写到"几年种菊槿篱边"，劳之辨在《静观堂诗集》也有诗"黄叶村庄叙旧游，桂花开过菊花秋"，写的就是黄叶村庄的景物。吴之振在《次种菊韵》中还写到自己种菊花。

荔枝树

黄叶村庄中还种有荔枝树，吴之振在《黄叶村庄即事二首次韵》中自注:"庭中荔枝去岁试花。"荔枝开花可观赏,结果可食用。劳之辨曾在《静观堂诗集》中记录,有一年的农历七月十三,"吴丈孟举惠鲜荔子十余枚",不知道是不是黄叶村庄内荔枝树结的。

石榴

朱彝尊《午夏过吴氏村庄》一诗中有:"泛舟经谷口,迢递入林端。一径野烟夕,孤村返照寒。榴花赤玛瑙,竹色青琅玕。满酌主人酒,休歌行路难。"

牡丹

牡丹是花之富贵者,花开明艳动人,自有雍容华贵之感,历代吟咏牡丹"竞夸天下无双艳,独占人间第一香",饮誉民间。吴之振对牡丹也挺喜欢,常去郭南看牡丹,有一次和吕葆中去九里堂看牡丹,各赋七古。和沈希道、魏幼渔去九里塘看牡丹时,又写一首诗记录。

黄叶村庄中也种牡丹,这蕴涵吉祥寓意的植物是园主退隐后对幸福、美好生活的期盼。不过,村庄内的牡丹总是十种九摧折,吴之振心生怀疑,戏语是否因为"茅舍难栽富贵花"。不过,吴之振可算是大富大贵人家。

黄叶村庄内的牡丹存活的不多,无碍,吴之振见邻居家的牡丹开得好,照样得以欣赏。他为牡丹写下诗作《巷北洪氏白牡丹一株奇绝赋二绝句》。

木樨

木樨就是桂花,香气浓郁。黄叶村庄内值桂花,吴之振热情好客,请人来黄叶村庄喝酒可以有很多方式。有一次便是庄内的桂花将要落败了，但是香气还未散去，所以邀诸友来黄叶村庄小饮。

茱萸

黄叶村庄中也种了茱萸。吴之振《西园杂诗》有："木樨才了茱萸发。"花木的好处在于，它就像人的喜怒哀乐，四时季节变换，植物形态各有不同。同一时间，有的败落，有的新发。园林因而不失灵气和活力。

银杏

庄园既谓"黄叶村庄"，黄叶不可少。秋风乍起时，银杏树旁一地金黄。叶落不扫，任其开落。有一年，吴之振还嫌黄叶村庄的黄叶太少，名不副实，又亲自栽植了许多银杏树，并写下诗句"秋尽尚嫌黄叶少，遍载鸭脚护村庄"。

瓠子

有了"黄叶"，还得让黄叶村庄像个"村庄"。吴之振《西园杂诗》有"架缠瓠子多强项，墙穴蜂儿总细腰"。可见，黄叶村庄内植瓠子，瓠子就是圆柱状的葫芦，俗称"药瓢葫芦"，可食用。

芋头

《西园杂诗》中还有一句"芋乳旋蒸供午饷"。

橘树、芥菜、野蒿

"插架编篱枳橘香，蔬青芥白野蒿黄。卅年种菜缘何事，真味今朝得报偿。"吴之振的诗中描写到了蔬菜，并自言自答，三十年来一直隐居在黄叶村庄，如今才可以饱尝真味。这"真味"既是新鲜蔬菜的好味，也是闲居生活的惬意滋味，这些也是他写作《种菜》诗的背景。

黄叶村庄中所栽种的花木还有很多,比如在《园内手植花木四种各赋截句》一诗中吴之振写了自己种植梅花、银杏,还种了杜鹃花(踯躅花)、碧桃。看来,黄叶村庄里有碧桃和杜鹃,还是园主亲自种植。

他还咏过园内凤仙花、鸡冠花、夹竹桃等植物。从花花草草中,可见主人的情趣。

园林是文人生活中一个重要的精神场所,精神功能这一因素在园林中的地位非常显著。而花木,其实是在含蓄地诉说园主的审美、个性和情怀。

从花中君子"梅兰竹菊"中,我们可以感受园主对清雅廉洁、坚毅不屈的品格的向往。从牡丹、菊花中我们可以想见园主对富贵长寿的美好愿想。石榴、鸡冠花、荔枝树这些朴实、寻常的花木中,悄悄透露着园主乐观和淡然的生活态度;园主甚至还要种上农作物如瓠子、芋头、芥菜、野蒿,让黄叶村庄真的像个"村庄",可见其生活情趣。

黄叶村庄内种种花木,清雅的、富贵的、朴实的、寻常的……既让人觉得庄主的平易近人又显示他的避世高隐,追求自然。栽花栽树不求异种,有花开处便是芬芳。这样的黄叶村庄不会让人觉得繁华奢侈或雅不可攀,带给人的是平易、自由、幽趣。

园以人兴,吴之振是黄叶村庄的精神内核,黄叶村庄是吴之振的精神寄托。从来佳地以人名,以吴之振为中心的文化活动更是黄叶村庄能称作"名园"的重要原因。

康熙五十六年(1717),吴之振逝世。庄主西归,从此,黄叶村庄也渐渐荒败下来。

根据吴之振的遗嘱，庄园由长子世守。因此，吴宝林继承了黄叶村庄。但没过多久，吴宝林也逝世了。而吴宝林的长子吴大成与次子吴兰成全都长期宦游于外。黄叶村庄未经细致打理，忽忽数十年间，庄内三径就荒，山石半堕，开始败落。之后，吴氏后人进行了重修。吴之振的外孙陈世修写了《重修黄叶村庄记》，载：

> 今春恒斋弟力以修复自任，盖公殒时，斯庄属长子为世守，而集庵垂老归田，所居堂宇，屡毁于火，频年肯构，未暇及于别业，昨秋竟赍志而亡。恒斋斯举，固善述先公之事，亦所以竟集庵未遂之志也。计木石之工三阅月而毕，费赤仄三百余千，浚污池，垒颓石，危楼复固，坏廊斯建，置酒高会，以落成之，属余记其修复之岁月，以示后人。……回忆十余年前，恒斋尝倩徐子渭占绘村庄图，张于屏，意盖虑修复之难朝，故时作卧游以坚其志。则今兹复还旧观，坐巨石以盘桓，抚老树而徙倚，景物依然，风流可续，能不以是举为恒斋贤乎哉？至捐资以副恒斋命者，为从子用予、宇隆、士奇，即集庵之哲嗣也。而晨夕襄事，不敢倦劳，为从弟六如，皆志在不坠先公之业，是皆可纪也。

黄叶村庄由长子世守，乾隆初年，吴大成垂老归田。黄叶村庄屡毁于火，频年肯构，未暇及于别业，但赍志而亡。

吴大成死后，他的弟弟吴兰成以修葺黄叶村庄为己任，竟吴大成未遂之志。

修葺时，疏通荷花池，重垒山石，对危楼进行了加固，对已经毁坏的亭台廊榭进行了重建。就这样，历时三个月，费铜钱三百余千，黄叶村庄终于基本复还。吴之振老来自号"补衲庵主"，所以吴兰成在修葺黄叶村庄后，为园林东面的无名小屋题"补衲"二字，以表吴氏后人对先祖吴之振的怀念。

修筑黄叶村庄是吴家的一件家族大事。在此次修建中，吴大成的三个儿子都捐了款。吴宝林的四弟、吴宝元的儿子吴兰恒也为重修出了力，志在不坠先公之业。

又过了近三十年，到乾隆四十八年(1783)，庄园再次荒败。从前所种的梅花、竹子、牡丹、杜鹃、桂花……已经全部消失了，有的只是蛮荒的野草。园子荒凉颓败。陈万全过黄叶村庄，写下《晚过黄叶村庄》：

> 旧熟山庄路，兹游径没蒿。
> 树都临水卧，楼尚切云高。
> 邻寺侵畦畛，荒园废桔槔。
> 满怀今昔感，斜日醉村醪。

道光年间，嘉兴张廷济写下《寻石门黄叶村庄故址次少峰韵》一诗，那时，宸翰碑还在园中，只是，园中再也不是昔日光景，已经无人居住，只有蜘蛛在园内安家结网：

> 佛香依旧炷僧寮，草屩还借主客邀。
> 那复高门喧燕霍，只余荒径网蛛蛸。

平泉瘦尽纵横石，辋水吟寒长短桥。

好护丰碑留翠墨，迎銮烟渚记停桡。

清道光、咸丰年间，黄叶村庄又有了人气，吴之振的六世孙吴锡蕃和其子吴滔住在园内。

咸丰十年（1860）闰三月二十四日，太平军从石门县北门入，据城，四出掳掠。咸丰十一年（1861）二月，太平军又一次攻打石门县城，兵分两路，一绕上塘，由东门进，一绕下塘，由西门进。太平军毁坏县城，打杀抢掠，勒令乡民进献，民不聊生。吴滔带着父母往杭州避难，数月之间，父母双亡。

经此战乱，黄叶村庄日益荒败，难于安身。见物非人非，吴滔搬出黄叶村庄，赁屋居住城西鹭鸶湾头。吴滔曾说："庚申后，余自黄叶老屋赁居城西鹭鸶湾头，颜之曰'来鹭草堂'。堂后荒圃，手莳杂卉数十树，花时尝俯仰其间。阅十年，赁期将至，爰构屋于城中。落成后，仍颜于旧额。"

黄叶村庄渐渐衰败，未能承先祖之业，吴滔作为吴氏后代，心情悲伤。写下《宿湖心亭故人索画黄叶村庄劫后光景》：

萧萧黄叶是吾家，剩壁颓垣水一涯。

燕子归来春欲暮，恼人风景已无花。

民国初年，黄叶村庄踪迹尚可寻，荒而未废，是当地人尚可游玩之处，俗称吴家花园。2005年，崇福人李溶汀（1913—2005）写下自己小时候对黄叶村庄的印象。李溶汀《黄叶村庄

记遗》(录自沈惠金《黄叶村庄志》):

> 最南为大荷池,约三亩。岸边湖石已失律,池因有人经营,每至夏令"接天莲叶无穷碧,映日荷花别样红",风光不减当年。大荷池北岸为最佳景区之叠石造山处,山石虽倒,其山基甚好,大而高,有寻丈,形如土阜,大批太湖石,此处最集中。土阜长形中有缺口,遥想当年定是假山巍峨灵秀,洞穴曲折幽胜。土阜北坡为曲水环抱,俗称元宝池,池内荇草夏开黄花,与红荷遥映。曲水东与大荷池相通,水中置矶石数块,水可流通,人能渡津。曲水北岸地形高为土阜之半,亭宜高,史载之亭必置此。下此高地,北去地形,豁然宽畅平坦,他处丛生之杂树、紫藤与野竹,此处甚稀。当是庐庵书斋、御碑亭、耐寒石等建筑群集之处。但所有房前屋后应植之梅花,无一株遗留,惜哉!
>
> ……御书碑石为园中重要文物,为谢龙恩,必筑亭敬供。亭及碑之座额均已无存,但碑石无损,字尚不漶漫。一次见碑面尽是墨沈,原来前不久有人拓碑。……耐寒石倒卧处离碑甚近,是立于碑亭缀景之需,石台台栏均失,因石巨难移终卧原地。

1920年左右,黄叶村庄内的建筑虽然已经荡然无存,但庄内还是古木参天,景色宜人;荷花池尚有人经营,夏天可以赏荷花;丛桂小山已经倒塌了,但是山基甚好,很高大,有大批太湖石;当年筑亭敬供的宸翰碑还在,字迹清晰,还有人拓碑,但亭和碑的座额已经没有了；老友亭尚存。

抗日战争前夕，吴乃琛和弟弟吴乃璋、三弟媳郑衡吉出资重建守愚堂之寻畅楼，楼前花园中的假山石即取自黄叶村庄。吴乃琛的祖父吴锡珪，是吴滔父亲吴锡蕃的弟弟。

现如今，黄叶村庄的遗址上早已是方方正正的水泥屋子，黄叶村庄外的河流也已经被填满，成为了硬邦邦的公路。很难想象，三百多年前，这里竟然存在过雅致的黄叶村庄，曾有那么多风流人物集聚于此，诗酒唱和，赏湖看花……

黄叶村庄从一时盛景到经历沧桑，最后完全消失。虽然不是黄叶村庄往昔繁华的参与者，也难免会有一些今昔之感。

第六章 梁肉宁如藜藿尊,高蹈林下作闲人

一

黄叶村庄修筑后,吴之振深居简出,高蹈林下,开始了长达四十几年的归隐生活。他的归隐不是粗茶淡饭、鹑衣鹄面的"苦隐",而是含饴弄孙、诗酒书画的"闲隐"。在黄叶村庄里,吴之振首唱《种菜诗》,引来名流唱和;他赏琴听曲,与琴家一起编订《德音堂琴谱》;他作画习字,在书画艺术上都有很高的修为。黄叶村庄的修筑是吴之振的闲情逸致转化为美感生活的起点,从他的林下生活中,我们也可以窥见明清士人在日常生活中的闲情雅致。

吴之振修筑黄叶村庄,宣告归隐田园,从此,过起了逍遥休闲的生活。

康熙十四年(1675),吴之振的长子吴宝林八岁了。小宝林虽然对书中义理见解尚微,但对文字表现出了很强的兴趣。早晨,宝林就要到乡塾去念书,对待先生恭恭敬敬的,不敢造次。一到放学,就像脱缰野马,东玩玩、西闹闹。

某日,有位远道而来的客人,带了两只鹌鹑来。鹌鹑的体型极像小鸡,头小尾巴短,吃谷类和杂草的种子。宝林把它们

拿起来，鹌鹑就在他的手心里跳来跳去，甚是有趣。小宝林如获至宝，把两只鹌鹑畜养起来，和它们玩闹得不亦乐乎。

吴之振自己小时候"逃学书堂学斗棋"，做了父亲，看见儿子玩，却还是要絮叨絮叨的。他把宝林招来，要和他约法三章：日出就得温习功课，研讨书中精华；白天要读史书，对历史有些了解；晚上得熟悉熟悉《文选》，养得心志鸿博……

此时，吴之振才三十多岁，正值盛年，就在黄叶村庄过起了养儿教子的"退休生活"。当年，他在京城可是结交了许多公卿名流，本人也声名鹊起。本是发展的大好时机，又为何对仕途抱如此回避态度，翩然离京，选择归隐呢？

明灭清兴之际，整个社会还笼罩在"亡国""亡天下"的历史文化氛围中。士大夫圈子里，为前朝殉死的，就会以一种桀骜的姿态为人赞颂。选择与朝廷"对抗"，才能显示士大夫的民族气节。

如果当时吴之振走了仕途，想必要为舆论所困。吕留良和其他的遗民朋友可能都是要和他绝交的。吴之振在少年时期，就与吕留良相识，并从之学诗，感情深挚。之后，又通过吕留良获交黄宗羲、黄宗炎、高旦中等遗民，并一直保持友谊。吴之振的堂兄吴之屏也是位遗老，明朝灭亡后退隐家乡；吴之屏的儿子吴尔埙还牺牲在抗清活动中。

长期在这样的交际圈中，又有如此家族过往，想必吴之振也难免会受到遗民思想的浸染，并有一些身世之感、家国之悲。既然如此，那么只好"有道则仕，无道则可卷而怀之"。

其实，抛开政治因素，吴之振大概也不想去做官，一个人

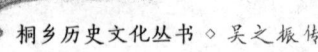

的人生选择,很多时候都是由性格决定的。

吴之振是个恋家爱乡之人,这种爱,可以用极端来形容,一远游就悲苦连连,当年从京师归家途中,就写了许多诗,表达自己对故乡、亲友的殷殷之情。要是长期在外地做官,恐怕是受不了的,性格注定他不是做官的料。

吴之振的文人性格,也是乐于声色犬马、参禅论道的。他不是政治家,也不是道学家。对文人来说,隐逸在某种程度上也是一种文化追求。吴之振家境殷富,对他来说,隐居意味着衣食无忧,逍遥自在,那么为何不躲进自己的一方天地中,去做些自己喜欢的事情呢?

所以,他索性就为自己修筑黄叶村庄,做自己诗意的栖居地。

关于黄叶村庄,陈世修在《重修黄叶村庄记》中写到:"黄叶村庄者,外大父橙斋吴公筑与宾朋燕游之所也。是时,海内名流来为文酒之会,岁无虚日,即远不及至者,往往行诸篇什艳称于世,几与元代顾仲瑛之玉山别业、清初冒辟疆之水绘园诸名园埒。"

顾瑛(1310—1369)是元代文学家,昆山(今属江苏)人。一名阿瑛,又名德辉,字仲瑛。家业豪富,筑有玉山草堂。玉山雅集是元代历史上空前持续的文化盛会。文人名流雅集于玉山草堂,长达十数年,多达五十余次,参与人数上百。《草堂雅集》中所收唱咏的诗人达到八十人之多。

冒襄(1611—1693),字辟疆,号巢民,一号朴庵,又号朴巢。南直隶扬州府泰州如皋县(今江苏如皋)人。明朝灭亡后,冒辟疆把水绘园改名为水绘庵,隐居不仕。当时名士钱谦益、吴伟业、王士祯、孔尚任、陈维崧等纷纷前来相聚，在园中诗文唱和，水绘园盛极一时。

和玉山草堂、水绘园一样，黄叶村庄是当时的名园，影响深远。它不仅风景秀美，而且主人好客，是文人雅士的聚集之地，文人在黄叶村庄内的雅集为它笼罩上了一层文化的深意。陈世修能将黄叶村庄模拟为顾仲瑛之玉山别业、清初冒辟疆之水绘园，也足以见得黄叶村庄的名闻遐迩。除了陈世修，当时以及后世很多人都将黄叶村庄与玉山别业、水绘园相提并论，可见这不是陈世修一个人的感受。

二

康熙十四年（1675）七月，吴之振买了两亩废圃以后，请园丁对废圃进行了一番修理，拔除杂草，简单开垦后便成了可以种植的沃土。

吴之振请家里的仆人在上面种上一些蔬菜，黄叶村庄也因此平添了几分田园气息。他心满意足，心想，不多时，园蔬好味，即可自足自乐。

天公作美，后几日，连得好雨。祥雨滋润下，所值蔬菜欣欣向荣，生意可喜。吴之振载欣载瞩，快意万分，拿出笔墨直抒胸臆，在黄叶村庄首唱《种菜》两首：

> 梁肉宁如藜藿尊，将军负腹手空扪。
> 宪章食物真多事，只合篱边谱菜根。

苔蔓周遭石径斜，手编虎落护根芽。
闲人休作东陵看，只种菘葵不种瓜。

他对自己的田园生活感到称心，对出仕一事毫无后悔可言。末句提到"东陵瓜"，典出《史记·萧相国世家》："召平者，故秦东陵侯。秦破，为布衣，贫，种瓜于长安城东，瓜美，故世俗谓之东陵瓜，从召平以为名也。"召平秦亡不仕，隐居长安城东，种瓜为业。

有一点需要指出，吴之振写作《种菜》诗，可能受到汪琬的启发和影响。汪琬《尧峰文钞》卷四十二有《予每蔬食因历叙山村所有蔬菜作歌》《再赋种菜赠吴孟举》《孟举和予种菜诗见寄因次前韵》三诗，从题目和内容可见，汪琬的《种菜》诗早于吴之振，而且吴之振也曾唱和，可惜《黄叶村庄诗集》没有收录。尽管吴之振的《种菜》诗比汪琬晚出，但影响巨大。

俞国林、郁震宏在《对〈赠行诗册〉〈种菜诗册〉背后的文化解读》一文中说到："在中国文化传统中，种菜和种瓜这两个主题代表着两种明显不同的政治态度，前者是一种不带政治色彩的闲情逸致，后者则是充满强烈政治色彩的隐逸。'种菜'与'种瓜'的实质，即是一般的山林隐逸和遗民之间的区别，简而言之，即是'隐''遗'之别。"

吴之振自述是种菜而不是种瓜，可能是有意规避风险。不过，他对清廷的态度向来不是愤慨的"对抗"，而是温和的"回避"。吴之振的成长环境一直是比较安宁的，就算是小时候遭遇了父亲的亡故，生活过得也尚可。前朝灭亡时，他也才是个五岁孩童，按常理来说，对于故国山河，记忆应该还是模糊的，没有那么强烈的深仇大恨。

诗成后，吴之振很得意，又自和两首。接着，请天下名流唱和，后辑成《种菜唱和诗册》，本次的唱和活动成为吴之振在黄叶村庄的隐居生活中的第一件大事，也是清初文坛一大盛事。

参与唱和的人有袁甦、俞南史、汪琬、郑梁、尤侗、陈骝、吴震方、劳之辨、邝世培、黄宗炎、范芳、黄宗羲、顾湄、宋实颖、钱德震、钱中谐、徐树丕、曾灿、吴蔿、徐树滋、徐晟、吴自牧、吴见思、吕留良。在此，选录和诗部分作品：

和种菜诗

汪琬

未必三公果觉尊，膝中傲骨尽堪扪。
空山大有娱人处，但了残书咬菜根。

引泉续续浇青甲，畚土时时拥绀芽。
闭户忽闻驺骑至，恰如摩诘适锄瓜。

知君学圃道弥尊，饱食频将便腹扪。
大咲少陵寒乞相，雪中黄独觅残根。

细雨随风整复邪，茸茸冒土屡生芽。
花间蛺蝶曾为蠹，叶底螺牛别字瓜。

篱角霜茎肥可把,架前寒蔓老堪扪。
斜阳行菜若粗了,大好读书秋树根。

满地黄花翠叶斜,肯容萧艾滥萌芽。
蔓菁芦菔俱堪吃,不要园官屡送瓜。

方畦数亩如棋局,嘉蔬离离绕畦绿。
葵韭葱薤蓼苏姜,以采以湘吾愿足。

山中雨多土易滋,今年不忧菜馑时。
白鱼糖蟹虽佳味,耻倩门生共议之。

和种菜诗

尤侗

老圃强如万户尊,晚菘早韭舌尝扪。
纵绕骨董羹千碗,不及冰壶斋一根。

青山十亩小樊斜,自把长镵壅露芽。
看尽红尘车马客,谁人柳下卖王瓜。

和种菜诗

黄宗羲

吾友新开黄叶村,锸头落处句难扪。

家僮已报微泉出，稚子无人见竹根。

晓转轳绳水径斜，晚看烧底长新芽。
秋来风自西南起，索索篱边挂苦瓜。

一首小诗为何能引来这么多文人唱和呢？

对于文人来说，种菜诗的主题是能引起共鸣的。而且纵观参与唱和的作者，不少是前朝遗老，他们以"种菜"为题唱和，名曰种菜，实际是内心深处不愿出仕，而刻意强调避世的隐逸宣言。"种菜"并不是指实实在在地做劳苦农民，更是表明思想意识上的逍遥避世。

这样看来，"种菜"和"采薇""采菊"一脉相承，都是隐逸思想的体现，似乎没有什么开创意义。而且，写诗互相唱和，也是古已有之的传统。那么，种菜诗的唱和为何到今天还值得一说呢？

首先是因为参与唱和的诗人多且影响大。参与者前文已有列举，其中，汪琬是大人物，他与侯方域、魏禧合称清初散文"三大家"，康熙十八年（1679）召试博学鸿词，授翰林院编修，参修《明史》；尤侗，曾被顺治誉为"真才子"，康熙誉为"老名士"，康熙十八年博学鸿词，授翰林院检讨，参修《明史》。黄宗羲、黄宗炎兄弟二人自不必提。参与唱和的几乎都是当世名流，名人带来的影响力无疑是很大的。

其次，《种菜诗》的唱和是在清初高压环境下完成的。明代文人结社唱和的活动很多，入清渐衰。顺治十七年庚子（1660），诏禁文人结社，违者治罪。这样的高压之下，江南文化界社事渐歇，大规模的唱和活动也渐次停歇。这时候，一首种菜诗能引起大规模的唱和，是很难得的。

值得一提的是，在参与唱和的诗人群体中，大多诗人都写诗应和了吴之振的"种菜"思想，但吕留良对此次唱和并不称赞，反而表现出了无奈和讥笑。吴自牧将种菜诗给吕留良看，他说："自牧出示时辈《种菜诗》甚多，皆不堪入目，不禁失笑，走笔和之"。且看吕留良《和种菜诗》：

园官菜把近来尊，值得王孙手共扪。
装点村庄何处好，数声寒豹出篱根。

雕栏曲护绿畦斜，土沃肥多易长芽。
燕麦兔葵争一笑，此间那有故侯瓜。

"园官菜把""王孙"，吕留良对此次唱和颇有看法。末了，还反讽"此间那有故侯瓜"。吕留良觉得本次题咏的诸家，在其心理上已经归顺当世朝廷，早已沦为清朝子民，又怎么担当得起"隐士"二字。

其实，当时吕留良对吴之振早已颇有微词。吴之振京师之行迟迟未归他不甚满意，后又觉得吴之振"声色太豪"。尽管吕留良也进行了《种菜诗》的唱和，但是，态度和其他人大相径庭。

无论如何，本次大规模的唱和活动规模和影响都很大。而且，在吴之振去世以后，《种菜诗》的唱和仍然嗣响不绝，至民国初年，尚有清朝遗民劳乃宣、沈卫等为之赓和题跋，时间跨度长达二百余年，参与者先后有两朝遗民，洵称难得。

更为可贵的是，尽管黄叶村庄已消失匿迹，吴之振和参与唱和的诗人早已作古，但当年唱和的诗竟然都完好地保存了下来，辑成《种菜唱和诗册》，能让后人得以研究和欣赏，这是吴之振的幸运，也是当代人的幸运。

三

除了种菜，看戏、听曲是吴之振在黄叶村庄风雅生活的重要组成部分。

黄叶村庄内常常是莺歌宴享不绝，若是能穿越到黄叶村庄，不仅能看见园内的宜人景色，巧的话还能听到好听的乐曲。黄叶村庄内竹树成荫，小山流水，配上缠绵的曲子，就更加风流温婉了。

顾樵到访黄叶村庄，感于眼前风景，写下《黄叶村庄即事》，就提到了园中的景物、歌声、读书声：

丛篁绕圃水围塘，歧路都迷径草长。
忽听书声花里出，始知有路到溪堂。

入夏新篁境更深，客来挂杖未能寻。
绿阴遮断溪边路，乳鹊迁巢不出林。

曲曲红桥新涨平,绿杨深处鹁鸠鸣。
黄梅几阵催花雨,云气都从树里生。

花发君家有洛如,定教孔翠下庭除。
风流南国推王谢,丝管声中听读书。

吴之振爱好音律,家境富裕,在黄叶村庄豢养家班。私人家班在家演出,以供自娱,也是应酬宾客时的常设活动之一。

文人养家班在古代是很常见的。宋元时代,家班初兴。陈世修曾把黄叶村庄与元代顾瑛的玉山草堂相媲美,顾瑛就在玉山草堂内豢养家班,声伎之盛,远近闻名。

到了明清时期,戏曲发展更加繁荣。那时候,看戏听曲是人们最普遍的娱乐活动。从皇宫贵宅到市井乡里,都会有剧目演出。

明清时期的私人家班也最为兴盛。文人把看戏听曲作为日常生活的舒适消遣,家境殷实就买来声妓。譬如,冒辟疆就曾在水绘园打理家班,亲自训练,组织戏曲活动;曹寅在官署置有家班,纵饮征歌,殆无虚日;南京李渔的家班声名显赫;再近一些,海宁硖石的查继佐也有家班,蜚声江南。

吴之振的家班叫"玉笋班",其中的头牌演员名"玉笋尖"。叶燮在1690年所作《陈留署中作》一诗中写到"话到橙斋玉笋尖"并自注:"静远与吴孟举居比邻,孟举有优班名玉笋,尤者号玉笋尖。"

一般来说,豢养家班的文人皆嗜好戏曲,精通音律,有的还亲自教授,并写杂剧供其演出。吴之振在音律上的见识和修为很高,他主编了《德音堂琴谱》。在杨典所著《明末琴家吴之振〈德音堂琴谱〉略考》文章中写到:

> 按照目前仅存的文献来看,康熙三十年(1691),以浙江石门语水吴之振(及其长子吴宝林、三子吴宝芝)为主要鉴定者,另有琴家汪天荣、汪天柄、汪日煊、汪应金、汪口基诸人参与并一起集体编订的《德音堂琴谱》刊刻出版。此琴谱一共十卷,很多卷开首所写的校对者都略有不同。但每一卷起首,都写有"语水吴之振孟举鉴定"。可见吴之振其实才是这本常见琴谱的主要编者。

康熙十四年乙卯(1675)某日晚,吴之振喝醉醒来,睡眼惺忪,只见疏帘淡月,屋内残烛明明灭灭。朦胧之间,临风传来一曲清歌,如同清风朗月。声从何来呢?仔细一听,原来是霓裳在唱《牡丹亭》呢。

如此意境,吴之振写下《听霓裳唱牡丹亭》:

> 酒酽茶香杂醉行,帘疏灯灺逗星星。
> 清歌得似何戡好,一曲临风仔细听。

诗中提到的何戡,是唐长庆年间(821-824)的一名著名歌者。刘禹锡有诗《与歌者何戡》。刘禹锡"旧人唯有何戡在,更与殷勤唱渭城",诗人听故人演奏旧时宫廷音乐,抒发昔盛今衰之感。

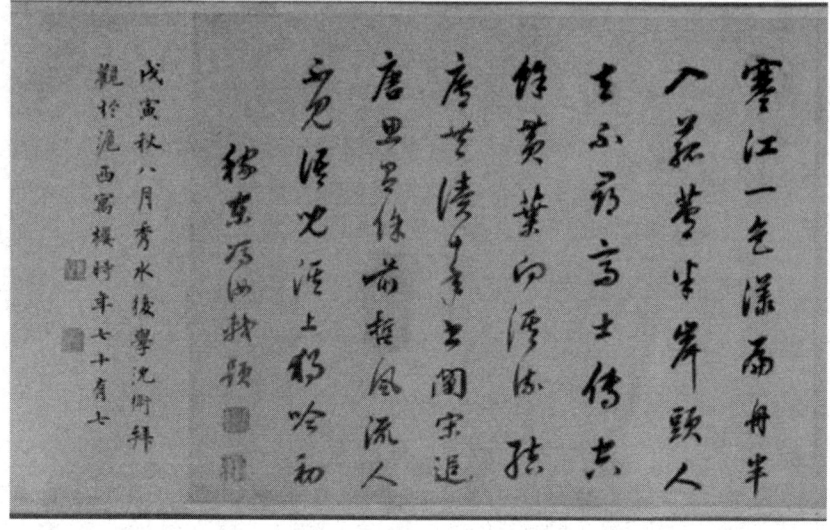

沈卫诗歌和书法

吴之振将唱曲人当作何戡,可见霓裳的歌声婉转动人。不过,此时唱的不是《渭城曲》,而是《牡丹亭》。与刘禹锡的悲凉不同,吴之振的诗里透露的是迷糊的惬意。

这位叫霓裳的歌姬想必是歌艺了得,深受吴之振的喜爱,在他的诗集中,一再出现。康熙十七年戊午(1678)周仕仪来石门,两人唱和,吴之振作《和令公赠歌童霓裳次熊元献原韵》:

歌吹终宵旅梦醒,明珠万斛散瑶星。
侬家不唱寻常调,头白周郎始解听。

太白遨游醉不醒,酒旗芒角动双星。
女阳亭畔枯杨柳,三叠阳关仔细听。

…… ……

此诗写了朋友相聚在女阳亭畔,醉了酒,兴起,大家相互赠诗唱和,同听霓裳唱曲,唱的是《三叠阳关》。"农家不唱寻常调",吴之振夸耀自家的霓裳不唱庸俗之调,言语之间见其得意。

可惜的是,就在听霓裳唱《牡丹亭》这夜的前几日,家中有位歌童离开了。这位歌童可能已经在黄叶村庄住了很久了,面对这次的离别,吴之振深感怅然,他将白蘋花赠与歌童,却怎么都打散不了心中的离愁别绪。他为此作诗《遣歌童》:

　　白蘋花折赠将离,一种销魂语阿谁。
　　燕欲去时留不住,月当圆处恰需亏。
　　懒寻檀板敲新谱,还向三弦理旧丝。
　　百计驱愁驱不得,竹凉僧院看围棋。

不舍之情还未淡去,不想几日之后,家中又有一位歌童离去。吴之振又写下《猗兰亦去》:

　　一曲歌成字字金,宫移律换费推寻。
　　侯门筝笛如雷沸,那识工夫底样深。

诗中,吴之振没有书写离别的凄楚和惆怅,而从"知音"的身份出发进行了感慨。声妓学习弹琴、唱曲并不容易,需要字字琢磨,对于歌曲的换调更得好好推敲。懂音乐的人才能细品出高下来，吴之振就是猗兰的"知音"。言语之间，我们可以看出吴之振对音律和唱法的研究，更能感受他对猗兰离开的喟叹。

前几日，刚遣一名歌童，吴之振已是离愁难遣。如今猗兰又去，想必心中实在感到可惜和不舍，故不说"遣猗兰"，却说"猗兰亦去"。

古往今来，士大夫是有资格掌握知识、参与政治的人，是表演的观赏者；歌童则是从事音乐演奏，供人娱乐的艺人，属于被观赏者。

但是，可以看出，吴之振在诗中对歌童表达的情感是很真挚的，赠别歌童的诗和赠予朋友的离别诗相差无异。这时，吴之振和歌童的关系已经变成了朋友，而不仅仅是色艺消遣的对象。更可贵的是，在《猗兰亦去》一诗中，他还对歌童的精神世界有所叩问，把歌童当作有感情的独立个体看待，多了一份生活和艺术层面的平等交流。

在康熙十四年乙卯（1675）至康熙十五年丙辰（1676）前后的一年时间内，吴之振家里遣散了好几位歌童。他在《次韵答严洁庵侍郎》一诗中（写于1676年）又写到"牖户绸缪同燕矗，管弦零落倩莺簧"，并自注"时新遣歌童"。

为何几位歌童会一起离开呢？说来也巧，这些歌童可能都是因为怀孕而离开。吴之振的好友金张过黄叶村庄时，写了《孟举留饮斋以久客不得经宿一游黄叶村庄为恨濒行赠自落墨壶研二者大韵》一诗，有自注："孟举云歌姬皆育儿，不复供客听矣。"

虽然有一次较为集中的遣童，不过，黄叶村庄内一直都是养有歌姬的。

康熙二十六年丁卯（1687）前后，吴之振去苏州的时候，还带着歌姬一同前往，这样，途中就可以听曲消遣了。他写下《舟中口号次韵》，有诗云"载妓寻山趣可同，蒲帆未许饱西风"。

在闲居生活中，吴之振从未停止过听曲看戏的生活方式。康熙十五年丙戌（1706），吴之振写诗《余有亡姬之感章岂绩太史以诗见慰次韵二首》，章岂绩即章藻功，章藻功在《思绮堂文集》卷六中有《吴孟举悼亡姬诗序》云："孟举观乐名贤，选诗才子。二千里外，与我而作周旋。三十年前，向人而夸靡丽。一之谓甚，况四美也。"原注：孟举有歌姬四，以风、花、雪、月名之。

听曲看戏确是明清文人生活中盛行的风尚，也是聚会宴饮中的常见活动。康熙二十五年丙寅（1686），吴之振去往叶燮的二弃草堂，当时与会者众多，除了以文会友，饮酒作诗外，还安排了听曲、观看杂剧的活动。吴之振写下《度曲竟复观杂剧》，从诗题中便可知，雅集活动之一便是听曲看戏。

在一本正经的道德文章面前，文人相聚，听曲看戏，似乎有奢靡放任的嫌疑，道德家见之，恐怕要嗤之以鼻。但是，追求美，让生活审美化、艺术化，在道德的别处找到意义，又有什么好批评的呢？

四

吴之振在黄叶村庄里一项重要的消遣便是书画，在挥毫笔墨之间，他的艺术冲动得以自由发挥。

吴之振最喜欢画的是竹子。

中国文化下,竹子被喻为虚怀若谷、清虚自守的君子,在风雅人士的生活中,它从不缺席。

晋代大书法家王徽之曾直指竹曰:"何可一日无此君!"

杜甫咏竹,"平生憩息地,必种数杆竹"。

苏轼爱竹,"可使食无肉,不可居无竹"。

画家文同嗜竹,自云"竹如我,我如竹"。

竹子也是吴之振生活中必不可少的部分,他爱竹,黄叶村庄内竹影萧萧;他的绘画修养很高,平生专工画竹,在黄叶村庄隐居的日子,时常以画竹为乐。

吴之振泛爱自然中的一切,颜色、声音、气味。他愿意走到自然中去,有时早起,和家里的仆人一起下地干些农活,和蔬菜瓜果为伍,亲身体验田园之乐。这样的生活,吴之振觉得自己是"下不学嵇阮,上不慕黄绮"。在《种竹四绝句》中,他把某次种竹、画竹的事情记录了下来。

那日,吴之振兴之所至,偶生移竹之意。后一日早晨,下了雨,刚移种完成的竹子在雨水的洗涤下,清爽干净,翠得似要滴出水来。

吴之振见此,兴高采烈。他对着这雨后绿竹很是陶醉,欣赏了好久后,冲进书房。

一位书画家对纸张和笔的要求不会很低,他们珍爱名贵、好用的纸和笔。吴之振最喜欢的是剡溪藤纸和湖州毛笔。此刻,他拿出自己的珍藏,将纸铺展,倒墨,执笔,泼墨,一时兴起,竟描摹了十副竹画。

看着自己的画作,吴之振显然很欣喜,又发出些文人的感慨:

与人社交，比不得与竹子的君子之交。对竹子，他满是爱惜和钦佩，"高怀劲节萧疏意，只合低头拜下风"。

吴之振画的竹子远近闻名，很多朋友会向他乞画。对待朋友，他一向慷慨，分赠墨竹，不在话下。朱纮、沈平远、吕子叙、苻文、陈鸣远、旦复、马钱候等都得到过他的画。

对于画竹的技巧，吴之振有自己的理论趋向，对于诗画的态度，他一向不扭捏，想说什么就说什么。

吴之振鄙夷浙派绘画。浙派绘画是明代前、中期的重要绘画流派，因开创者戴进是钱塘（今杭州）人，故称浙派。

明取代元之后，元人尚意重逸趣的画风不利于明统治者集权专制，所以，"元四家"那种枯寂幽淡的画风被迅速扼止，代之以南宋院体画风。戴进作画就取法南宋画院体格。他的画艺很高，风行一时，从学者甚多，逐渐形成"浙派"。吴之振批评"浙派"主要是认为浙派士气少，作家气多，重技巧，少内涵，在桎梏下形成的画法，没有美感。

在《题禹平山水便面》一诗中，吴之振直贬浙派："浙派止堪俗共眼，萧疏此幅类关荆。"末句所说的"关荆"，则是指五代画家关仝、荆浩。关仝和荆浩所作山水用笔简劲老辣，景广意长。题画时将友人的画模拟关荆，可见，对于关荆，吴之振还是抱赞赏态度的。

吴之振不止一次在诗中流露出对浙派的不悦。在《为子贯画竹再次前韵》中，吴之振又表达了自己的观点："湖州点染无多法，浙派纷挐别作家。"

除了表明对浙派的态度，本诗又提到了湖州画派。

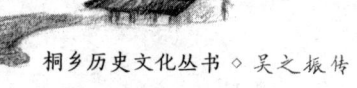

湖州画派也名湖州竹派，代表人物有北宋文同、苏轼等，文同和苏轼是表兄弟。文同曾奉命为湖州太守，未到任，病故陈州。苏轼接任湖州太守，未几坐狱贬黄州。他们虽籍隶四川，但画史上皆谓为"湖州竹派"始祖。

吴之振对湖州画派的态度又如何呢？他有诗《题墨竹》：

鄙儒但记箦筜谷，画竹胸中有成竹。
不识画家落笔时，雨筱风枝无定局。
兴到挥毫若有神，如鸟投林弩脱镞。
补之梅花子固兰，讵当俗派相束缚。
衰年腕弱十指僵，隃糜脱胶毫颖秃。
生平未识文湖州，烧笋饱噉花猪肉。

诗中提到的"箦筜谷"和文同有关。文同是嗜竹之人，特别擅长于画墨竹。他任洋州知州时，得知洋州城北有个箦筜谷，谷中种满了竹子，就在谷中盖了座亭子，政务之余，常偕妻友来此遨游、观竹。"胸有成竹"就是文同所提倡的画竹方法，文同自己因长期细致地观察，久而久之，胸怀万竹。

末句"生平未识文湖州，烧笋饱噉花猪肉"中的文湖州就是文同，苏轼在《文与可画箦筜谷偃竹记》一文中记录，自己曾写诗"汉川修竹贱如蓬，斤斧何曾赦箨龙。料得清贫馋太守，渭滨千亩在胸中"。

前两句讲汉川地区盛产竹子，百姓喜欢砍食竹笋，后两句调笑清贫的文同也一定在馋食者之列，把渭水边上千亩竹林都吃进了肚里。这是苏轼的玩笑话，一语双关，其实也是说文同腹中有万竹，才会落笔作画。而文同收到苏轼此诗时，正与其妻游谷中，烧笋晚食，得诗失笑，喷饭满案。

诗中看不出吴之振对湖州画派本身的褒贬，但是他批评了一味拘泥于湖州画派理论的迂腐之人。他提出"兴到挥毫若有神，如鸟投林弩脱镞"，只知胸有成竹是不够的，真正画竹时，还要挥毫有力，重视情感的发挥。

在《墨竹》一诗中，吴之振则直接提到"坡老湖州俱是假，西园数亩是吾师"，在作画方面，并不是效仿苏东坡和文同这两位湖州画派的代表人物，而是以自然为师，效法自然。

在《题墨竹》一诗中，吴之振则更加清楚地表明了自己的态度：

> 志气转颓落，笔墨就简易。
> 竹石自成家，发兴隋所寄。
> 本无求工心，曷取六法备。

"六法"是南齐谢赫提出的绘画理论，指的是气韵生动、骨法用笔、应物象形、随类赋彩、经营位置、传移模写。吴之振不备六法，不想把自己规划到任何一个流派，认为自己是自成一家。

话说回来，他喜欢的苏轼在书法主张上也曾自称"我书造意本无法，点画信手烦推求""自出新意，不践古人"，这样看来，吴之振还是苏轼的尊崇者。

吴之振书法《送李愿归盘谷序》(局部一)

吴之振书法《送李愿归盘谷序》(局部二)

在诗学态度上,吴之振自称江西诗派社里人,他更是将江西诗派的诗歌创作方法化用到了作画方法中。他在《画竹二首》中说"作熟须还生,味外得幽讨",作熟还生,即以故为新,将众人熟悉的陈旧的东西通过自己的妙笔化为新鲜雅正的东西。

从几首诗中可见,吴之振在绘画上,以自然为师;提倡笔墨简易;主张尚意、"发兴";将个性和见解融入创作之中,打破条条框框;讲求"以故为新"。

除了作画,吴之振对书法很有研究。他在《与朋友论书法戏作》中这样说:

> 拖沓莫做唐公鼠,庖丁解牛贵神似。
> 谁办虎儿扛鼎力,苍鹰脱绦惊兔起。
> 蹴踏龙象未雅驯,紫绾秋蛇落茧纸。
> 渴骥夏驾哭跞弛,老羝夔藩亦委靡。
> 山中猴王踞狮坐,直以家鸡轻野雉。
> 续貂犬尾元祐脚,多肉墨猪有妙理。

吴之振是宋诗的实践者,此诗用典繁多。其中,"谁办虎儿扛鼎力,苍鹰脱绦惊兔起"一句是说书法的笔力雄劲。黄庭坚戏称米芾长子米友仁为"虎儿",并赠古印和诗"虎儿笔力能扛鼎"。描写苍鹰奋力挣脱绳子攫取兔子的瞬间,也意在比拟遒劲的笔力。

"蹴踏龙象未雅驯,紫绾秋蛇落茧纸"仍然在讨论笔力。水行中龙力大,陆行中象力大,故佛氏用以喻勇猛有最大能力者。

笔力的勇猛过犹不及,力量太大,则难称雅驯。《晋书·王羲之传》里记载,梁朝的萧子云书法独具一格,但有人认为他的书法"无丈夫气,行行若萦春蚓,字字如绾秋蛇",字贵有骨气,不可像春天的蚯蚓,秋天的蛇,弯弯曲曲,细而无力。

"渴骥夒驾哭跌弛,老羝夒藩亦委靡"一句,徐浩的书法被称为"怒猊抉石,渴骥奔泉",如骏马口渴思饮,飞快奔赴甘泉一般,是形容书法笔势的矫健。

末句"续貂犬尾元祐脚,多肉墨猪有妙理"则说明了吴之振对苏黄二人的推崇。不管是写诗还是写字,他都对苏黄二人敬佩有加。宋代黄庭坚在元祐年间以书法知名,人戏称其书法为"元祐脚"。苏轼书法用墨丰腴,曾被人讥为"墨猪",但吴之振觉得他的书法"有妙理"。可见,吴之振在诗、书两方面,都是"崇宋"的。

吴之振擅长行书,世人争相收藏。我们可以从当时以及后人的题跋中领略吴之振书法的高妙。

吴之振行书范成大《四时田园杂兴六十首》陈元龙题跋:"近日书家辈出,大抵都以姿态取妍,去古人远矣。橙斋先生此册笔意在苏黄之间,而苍劲古拙,脱尽时俗畦径,纤尘不染,神韵超迈,与石湖先生之诗高情逸致遥相映发,可称双绝。而贤郎小跋楷法精妙,具有晋人风度,此册又成三绝矣。"

吴之振行书临颜真卿《争座位帖》武林张大宗题跋:"今观橙斋先生临本,以生龙活虎之趣,运其矫健浑脱之笔,而自不轨于平原者,先得其兴会神情也。"

吴之振行书临颜真卿《争座位帖》申江蔡嵩题跋:"唐人书

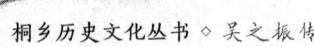

以平正为能事，独颜尚书争座位帖体方用圆，笔力雄浑，犹是钟王遗意，故后来书家多慕效之。吾乡董文敏天资高迈，笔端无烟火气，其书初从颜入手，妍美而不失之轻纤，荡逸而不流于靡漫，今观橙斋吴先生此书临摹入神，更有逸韵，不特与文敏齐驱直已入南宫堂奥，宜其传世行远欤。"

可见，吴之振书法颇有黄庭坚、苏轼的风范，主要特点是苍劲古拙、不拘形迹、神韵超迈、矫健浑脱。

综上所述，吴之振的隐居生活其实是一种精细雅致的生活模式。在这个模式中，士人又开展出了更为丰富的文化追求，建立起了一套雅致的生活美学。

第七章　关得双扉坚似铁，不容俗物浪相干

一

吴之振有诗《有问黄叶村庄风景者四叠岘字韵答之》云："关得双扉坚似铁，不容俗物浪相干。"黄叶村庄是当时文人达士雅集的重要场所，并非一般俗人可攀交。纵观吴之振的交友圈，早年，他与同县吕留良、吴自牧是至交，又通过吕留良结识高中旦、黄宗羲、黄宗炎等浙东名士。大概在三十五岁以后，吴之振的交友圈逐渐扩大，思想也更加开放。除了旧友，他的朋友中出现了僧人、道士，还与曾灿、周士仪、顾樵、施闰章等名人诗酒唱和。

在对僧人道士的态度上，吴之振和吕留良大相径庭。吕留良素忌僧佛，斥佛道为异端，无知妄作，污民惑世。有一次，吕留良路过崇德镇北门时，看见有僧人在大兴土木，广盈佛殿，就忧心忡忡，三夜不成寐，意欲斥停工程。

在吴之振的生活中，和僧人道士的交往是重要的一部分，空闲时，他还会去寺庙游玩。不过，纵观吴之振的诗集，很容易发现，他在大约三十五岁之后才频繁地写到自己和僧道的往来，不知早年是否因为师友吕留良的激烈排斥，才有所顾忌。

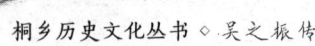

康熙十四年（1675）农历八月十三，黄叶村庄修筑完成还没过多久，就来了一位江南名僧。这位僧人叫宗渭，字筠士，又字绀池，号芥舟，一号芥山，又号华亭船子，华亭人（一作太仓人）。

筠士来访黄叶村庄的当日，夜幕已经降临。再过两天就是中秋了，但这天夜里却不见月亮，不过，园内的木樨花开了，馨香四溢，沁人心脾。

吴之振对筠士的来访感到欣喜，这位僧人来头不小，是清初有名的诗僧，少年时师从大诗人宋琬。宋琬是清初著名诗人，清八大诗家之一；中年后复游大学者尤侗之门。尤侗也是清初著名诗人，康熙十八年(1679)举博学鸿儒，授翰林院检讨，参与修《明史》。汪琬和尤侗和吴之振都有交往，两人都唱和了吴之振的《种菜诗》。筠士不仅是位僧人，还是位诗人，他擅长作诗，其诗讲究炼字炼句，讲究意境渲染。不用禅语而深含禅理，时名甚高。尝谓门弟子曰："诗贵有禅理，勿入禅语。"

其实，前几日两人刚见过面，吴之振对他的诗才很是赞赏，能在黄叶村庄内再聚，吴之振自然高兴。两人相聚，少不了诗，吴之振当晚写下《十三日筠士过黄叶村庄用双树容听法三车肯载书为韵分得容三字》。

除了这位诗僧，吴之振和僧人道士有关的交往还有很多，在他的诗集中，不少诗有记录:《重游青松庵》《次韵赠筠士上人》《十三日筠士过黄叶村庄用双树容听法三车肯载书为韵分得容三字》《赠吴山陈炼师》《次则峰上人游黄叶村庄韵》《招王炼师饮酒鼓琴用前韵赠之》、《次王颛庵宫坊韵送筠士禅游游闽并速之归》《赠星士倪引年》《题禾中僧册子》《次韵送鉴微上人入山》《次韵答宜白上人》《赠星士》《赠匡庐心壁上人》《读壁上人游雁荡诗次介山韵赠之》《叠昌黎韵答借山上人》《送慧日上人游秋雪庵》《次韵答楚云上人》《次韵答墨林上人》《过福严寄璇鉴上人》《记廿年前曾题诗南郭斗庵壁往寻之不但无诗并壁亦不可得矣》《庵中老僧手抄二诗藏弄箧中出以相示叠前韵谢之》《癸亥题斗庵壁旧作二首》《次韵答轮庵禅友》《虎丘泊州寻洞明上人次金子静韵》，列举这么多，是想从数量上直观地说明，在吴之振一生中，佛和道是难以忽视的一部分。

吴之振自言："不解参禅不学仙，把锄种菜自年年。"文人有文人的风度，对于佛、道，吴之振从来不是狂热的信徒，他与僧人道士的交往并非追求宗教意义上的满足，而是包含了文学、审美的人生情趣上的追求。

从交往对象的特点来看，吴之振所交往的僧人道士大多都和自己有相同的兴趣爱好，他们中的很多人懂诗、懂琴，绝非开口乱道的邪僻庸才。

他们之中，大多是诗僧，不仅自身佛学修养较高，而且工于作诗。很多诗僧写的诗都写得清婉脱俗，深受吴之振的喜爱，来黄叶村庄的筠士在当时就颇具诗名，吴之振赞其诗"章句都依律，诙谐不露锋"，还要与他共同参悟妙句。

吴之振和诗僧之间，有不少唱和之作，如《次韵答楚云上人》《次则峰上人游黄叶村庄韵》《次韵答墨林上人》《次韵答宜白上人》等等。唱和的诗作由于写作背景与题材都与佛僧有关，因而诗中对佛语进行一些引用和借鉴，这也从某种程度上促进了诗歌创作对佛教文化的吸收。譬如,吴之振在《村居杂咏十三首》中云"一掴一掌血,叫绝宁咨嗟。"自注:禅子语。对于禅学与诗,他在《次韵答汪晋贤》诗中指出:"诗律如禅不二门,惭于无佛处称尊。"

除了作诗,吴之振也和这些僧人一同谈诗论诗,譬如,在《次韵答轮庵禅友》中,就写到"习气未除诗癖在,共烧残烛共君论",有相同的爱好,所以即使已到夜晚,两人也要在烛影之下论诗。再如《读壁上人游雁荡诗次介山韵赠之》中也有"贻我雁荡诗,开缄恣探讨"。

在吴之振诗中经常出现一位叫心壁上人的高僧,如《赠匡庐心壁上人》、《次心壁瓦韵》、《次韵送心壁归庐山》、《题心壁万里一归人卷》。心壁,是清初高僧天岳大师的高足,曾住持开先寺。

心壁上人生于滇南,足迹遍天下,精心禅悟,后开法席于庐山。这位高僧和吴之振交往较为密切,而且,在宋荦、叶燮、金张等人的诗文集中,心壁上人的名字也经常出现,宋、叶、金三人是清初负有盛名的诗人,也是吴之振的挚友。

值得一提的是,叶燮在《庐山大林寺心壁上人诗序》云:"世、出世法,本无二法,法法皆然,即诗文之道亦尔。然诗不能无大同而小异,世谛之诗不可有俗气、书生气;出世谛之诗不可有禅和气、山人气。论诗者于世、出世法似乎相反,然畅达胸臆,不袭陈言,要归于不染气习,无二谛也。"

叶燮和心壁上人谈诗,认为诗道与佛法精神相通,指出诗分"世谛之诗"与"出世谛之诗",二者虽略有差别,但在"不染习气"上却是一致的。可以想见,心壁上人博学能诗。"不染习气"这一点,想必吴之振也是很认同的,吴之振在《借昌黎韵答借山上人》中,对借山上人大谈近来诗家,他捧腹失笑,而谈到借山诗的时候,则说"曾数借山诗,不点俗人目",颇为欣赏。

这些僧人、道士中,也有的善于鼓琴,而琴正是吴之振自己的雅好。

《招王炼师饮酒鼓琴用前韵赠之》中的王炼师,不仅是个道士,还是个琴才。诗中写到"炼师抱琴材,蛇腹初脱鳞",据《潜确类书》载:"古琴以断纹为证,不历数百年不断。有梅花断,其纹如梅花,此为比较古;有牛毛断,其纹如发千百条者;有蛇腹断,其纹横截琴面……"古琴历来以蛇腹断和梅花断比较为名贵。王炼师用的就是蛇腹断。王炼师的琴曲未尽,酒已数巡,此时,吴之振心中"胸无万卷书,亦无一点尘",达到了空灵的境界。

可见,吴之振交往的僧人道士,无一个是庸才,吴之振在他们身上寄托的是自己的生活情趣。

吴之振的隐逸思想与佛道两家的思想也有不谋而合之处。

中国古代传统中,深居山林之人大多不愿为凡尘俗世所羁绊,是意趣高远的隐士。中国道家主张出世与隐居,佛教主张忘世和深山修行。隐逸也注重对现实功名的鄙薄,忘情山水。佛、道、隐,三者有相合之处,这使吴之振和僧人、道士有了很重要的相似处。

吴之振在《次韵赠筇士上人》中写到:"君方勤白业,我亦办青鞵。"诗中谓筼士上人"勤白业","白业"是佛家用语,即善业。自己则是"办青鞵","青鞵"即草鞋。前者在佛寺修行,后者在山林隐逸,两相对应。表达了诗人的隐逸情怀。

又如《次韵送鉴微上人入山》中写到:"息壤鸥盟在,心期未许寒。"其中"鸥盟"即谓与鸥鸟为友。这正是诗人的隐逸情怀的心灵写照。

黄叶村庄是吴之振的隐居地,寺院高山是僧人的隐居地。两处环境都颇为宁静幽雅,不少寺院掩映在山间林丛中,很符合文人士大夫寄情山水之间的情趣。

吴之振在诗集中就写到自己去福严禅寺、斗庵、秋雪庵、青松庵等处寻访游览。福严禅寺在县东北十二里,是南朝古寺,竹木阴翳,幽深清谧,康熙下江南还曾赐金字《心经》一卷,是当地名胜;斗庵在小南门外,吴之振曾在壁上题诗;秋雪庵则位于杭州西溪湿地,游秋雪庵时,吴之振甚至有了"余欲造精舍其旁"的愿望。

另外,吴之振也将与僧人道士的交往看作是铲除内心苦闷,抚慰心灵的方式。比如,在《遣歌童》一诗中,面对歌童离去,吴之振苦闷难解,便选择"竹凉僧院看围棋"。

有时,这种慰藉还带有对人生感悟式的参透。《赠吴山程炼师》中先叹"举俗尚浮薄,百语无一真"、"结交裙屐儿,暮好不及晨",才"取友到缁黄",僧人缁服,道士黄冠,"缁黄"即指僧道。这首诗是说,因现实的人际交往的失望,才选择和僧人道士交往。《次韵答宜白上人》中也有"诗卷共幽课,茶瓜了世情",想要远离人世尘嚣的烦扰。在吴之振五十二岁时,还写有《次有原除夕韵》，自注："余实有单丁住山之愿，非戏语也。"

总而言之，与僧人、道士的交游是吴之振生命中十分重要的一部分，并且，他和僧人、道士的交往，是文人式而非教徒式的，交游之间，显示的是吴之振自己的人格理想和生活情趣。了解吴之振与他们的交游，能更为全面和深刻地了解吴之振的人生态度。

二

康熙十六年（1677）春，黄叶村庄又来了两位客人：黄宗炎和曾灿。此二人都可称为当时的文坛巨擘。他们到访黄叶村庄，吴之振自然是分外欣喜，热情接待。

三人一同喝酒，吴之振作诗《同舜江王晦木宁都曾止山饮西园次晦木留别韵》：

> 长昼摊书转木阴，谒来好友共登临。
> 不将名字依刘表，合有溪山著庆禽。
> 卖屦织帘高士传，绿樽明月故人心。
> 何年踏浪追潮汐，一梦江头柳十寻。

黄宗炎、曾灿都是明末遗民，他们品行高洁，反清无望后决然归隐。诗中提到"卖屦织帘高士传"，卖屦织帘本象征着地位卑微的职业，但此处关注点不是贫贱，而是赞其两人归隐林下的高人风度。"不将名字依刘表，合有溪山著庆禽"，吴之振与两人惺惺相惜,对他们不仕今朝,选择隐逸的做法表达了赞赏之情。而诗中写到的"绿樽明月故人心",指的应该就是黄宗炎。

吴之振和黄宗炎已经是早年的旧相识了,难能可贵的是,这么多年,吴之振和黄宗炎还保持着交往。这次黄宗炎来黄叶村庄,算是两人交往的第十七个年头。遥想十几年前,两人曾和吕留良、吴自牧、高旦中、黄宗羲这些老朋友一道赏花、题咏名画,甚至其中几位还一起合议卖艺……

黄晦木即黄宗炎(1616—1686),浙江余姚人,字晦木,一字立溪,学者称鹧鸪先生。和哥哥黄宗羲、弟弟黄宗会号称"浙东三黄",名气很大。关于黄宗炎的学术著作,《清史稿》记载:"与兄宗羲、弟宗会俱从宗周游。其学术大略与宗羲等。著有《周易象辞》三十一卷,《寻门馀论》二卷,《图书辨惑》一卷,力辟陈抟之学。谓《周易》未经秦火,不应独禁其图,至为道家藏匿二千年始出。又著《六书会通》,以正小学。谓扬雄但知识奇字,不知识常字,不知常字乃奇字所自出也。又有《二晦》《山栖》诸集,以故居被火俱亡。"

顺治十六年己亥(1659),吴之振的师友吕留良首先在杭州和黄宗炎相会,二人结为莫逆,此事吕留良的《友砚堂记》有载"己亥遇余姚黄晦木。"

黄宗炎和吕留良订交后十分满意,一年后,即顺治十七年庚子(1660)八月,黄宗炎便和好友高旦中一起来崇德,过访吕留良。恰好赶上吕留良卧病在床,高旦中观察病情,为他开了药方。当时,高旦中、黄宗炎在吕留良家住了一个多月才离开,也正是这时候,吴之振开始和高旦中、黄宗炎有了交往。

这一年，这几位朋友还一起合约卖过艺。

某日，吕留良与黄宗炎、黄复仲、朱声始、高旦中诸友到吴之振的寻畅楼做客，在聊天间，大家纷纷谈及自己生活的贫苦状况，于是索性相约卖艺谋生。吕留良作《卖艺文》，草于吴孟举之寻畅楼，嘱吴之振代书。其实，按照吴之振的家境状况，本无需通过卖文来资助生活，但仍慨然相助，承诺以字佐鼓峰、东庄，以画佐鹧鸪、丽农。

没过多久，吴自牧、黄宗羲也参加了卖艺行列，卖艺的名声渐大，影响渐广。第二年，黄周星、陆嘉淑也加入了进来，这样一来，影响就更大了。但是，此次卖艺引起了一些人的不满，吕留良被骂是"货殖之祖"，于是几人又相约卖艺之事作罢。

当时，这群人因为家贫，无可奈何之下选择卖艺为生，却遭来诘难。这次卖艺成为他们每个人心中难以忘怀的经历。

康熙二年癸卯（1663），黄宗炎、黄宗羲、高旦中诸好友再到崇德。东庄的梅花开得正好，吴之振和几位朋友一起相约去东庄看梅。行走在通往东庄的曲折小径上，沿途溪水小桥，一派宁静祥和的田园风光。野外的清幽使他们暂忘心中的彷徨和苦闷，景致使得诗人兴趣盎然，心境颇为酣畅。

之后，吴之振又和黄宗炎、黄宗羲、吴自牧、高旦中诸好友聚饮于吕留良的水生草堂，诗酒唱和，各竞风流，度过了一段简单、美好的时光。吴之振作诗《和旦中移寓四首次韵》，其中两句是："卖字得钱容我醉，立锥无地笑君贫。"回忆起了几位朋友当年一同卖艺谋生的情景。

后来，黄宗炎先坐船离开，离别之际，好友纷纷前来相送。

面对好友归去,吴之振伤神不已,作送别诗《送黄晦木东归》:"知君就月凭栏坐,也忆挑灯夜话人。"尽管两人年龄相差二十四岁,但一直以来,相处甚为愉悦,可谓忘年之交。

吴之振和黄宗炎的交往始于吕留良,但两人的关系并非依附于吕留良。京师之行后,吴之振和吕留良的关系已经显得有些微妙了。自黄叶村庄修筑以来,吕留良从未踏足,两人关系的转变可见一斑。但一直以来,吴之振和黄宗炎都保持着和睦的交往,时有唱和。

黄叶村庄修筑完成后,吴之振于康熙十四年(1675)作《种菜》诗,和诗者甚多,黄宗炎也曾和诗两首:

> 薙草乘风宜晚溉,除虫和露在晨扪。
> 芥葵慰我先尝叶,莳菲随来可荐根。

> 篱边畻埂任畸斜,次第差排尽放芽。
> 青青菘韭垂垂豆,绷有壶芦架有瓜。

再和:

> 牛肚羊蹄锄地得,摊书有梦向天扪。
> 长斋何处闲宾客,梗叶咀残又削根。

> 鼓腹便便日欲斜,瓦盆注酒剪金芽。
> 园丁须记明年种,菜子灰藏草系瓜。

顺带一提，黄宗炎的哥哥黄宗羲此时与吕留良嫌隙已深，和吴之振虽然也已经十一年未见，却也还保有昔日情谊。黄宗羲也唱和了吴之振的《种菜》诗。他写到："孟举友兄不得见者十一年矣。今年二月至语溪，则城西有一园新辟，种菜其中。示以唱和之作，珠玑满目。余家四明山，计此十年间流离迁播，尝作《避地赋》以自伤。田园荒芜，即欲种菜且不可得，况能韵之为诗乎？勉附二绝，知其情之相远也。"言语之间，不乏温情，对于吴之振及其《种菜》诗，黄宗羲仍持赞赏态度。

康熙十五年（1676），吴之振三十七岁，黄宗炎已经六十一岁了。两人再次相聚，饮酒作诗。吴之振又做《次韵答晦木》诗三首，其一诗云："推篷执手慰殷勤，云雨澜翻岂足云。笑我支门研帖括，多君注《易》媲皇坟。共怜白发宫娥老，未脱青衫弟子员。抬眼看山殊了了，话头重举续前闻。"

《易》指的是黄宗炎的著作《周易象辞》，"皇坟"是传说中我国最古的典籍，为伏羲、神农、黄帝之书。吴之振认为黄宗炎的著作可与皇坟相媲美，可见，对于黄宗炎，吴之振不仅充满了朋友之间的真挚感情，还十分钦佩其文学主张和哲学思想。

对吴之振来说，早年因吕留良得交黄宗炎等人，并在之后一直和他们保持着友好的交往，使自己的社会交际由相对封闭到渐渐开放，从崇德交友圈延伸到了浙东交友圈。随着交友圈的壮大，其交际视野也进一步扩大，在与他们的互通声气中，其出处态度、文学主张、哲学思想亦有了更多交流和碰撞的机会。

如今，人事变迁，白云苍狗，高旦中、吴自牧早已驾鹤西去，吴之振和吕留良的关系也已不复当年。可贵的是，早年订交的黄宗炎,还是和吴之振保持着友谊。到康熙十六年(1677)春,黄宗炎又到访黄叶村庄,吴之振与之宴饮欢畅,恰似当年。黄宗炎的到访牵引着吴之振对过去青葱岁月的怀念和感喟。绿樽明月故人心,且与故人高酒一杯。

三

吴之振《同舜江王晦木宁都曾止山饮西园次晦木留别韵》中提到的曾止山就是曾灿。

吴之振作《种菜》诗后,曾止山也曾唱和两首:

> 鼎食何如拙养尊,藤萝明月手堪扪。
> 从来造化归何处,只在空山老蕨根。

> 西风篱落半欹斜,雀芋龙葵尽发芽。
> 我欲乘舟来访戴,知君饷客有茶瓜。

又和:

> 布衣不羡五侯尊,笛可横吹虱可扪。
> 却忆当年诸葛菜,南阳预种两三根。

> 风正潇疏日正斜,秦园楚畹见萌芽。
> 读书万卷成何事,莫学东陵但种瓜。

曾灿（1625—1688），本名传灿，字青藜，又字止山，号六松老人，江西宁都人，明末清初著名文人集团"易堂九子"之一。他的父亲是曾应遴，字无择，号二濂，崇祯七年（1634）与龚鼎孳同榜进士，官至兵科都给事中，一时权势显赫。然而，曾灿的人生却是"富贵之日少，而贫贱之日多"。

顺治二年乙酉（1645），曾灿奉杨廷麟和曾应遴之命招抚闽赣边界十万游勇，在前往招抚之际，其父曾应遴病卒。

顺治三年丙戌（1646）冬，赣州失陷。当复国无望之时，曾灿便从驰骋疆场的直接抵抗转为退隐山林的间接抵抗。怀着黍离之悲、亡国之痛，曾灿跟着魏禧等人齐上翠微，隐居"易堂"。他们潜心于《易》这一学术主题，"易堂九子"的称号可谓名副其实，来之不虚。

然而，顺治九年壬辰（1652）秋天，翠微峰发生了"山难"。旧时山主彭宦趁乱霸占翠微峰，易堂诸子被迫离山。"山难"使诸子流离失所、衣食无着。

随后，至顺治十年癸巳（1653），曾灿离山出游，这个明亡前养尊处优、裘马清狂的贵介公子，不得不辗转依人，委屈求活，一度剃发为僧，曾三度岭南、三游长安，寓居吴地十余年。

吴之振的诗写于康熙十六年（1677），可见，曾止山出游吴地，此时途经石门县，并到访黄叶村庄，和吴之振相交。

曾止山和吴之振之间想必会有很多共同话题。

其一，相似的政治主张。

曾止山对当廷一直都是反抗态度；吴之振虽然不曾有过强烈的抗清行为，但早年与移民群体往来密切，对于清朝，也并未合作。明亡后,两人都是隐居不仕。

其二,两人都以能诗著称。

吴之振擅于写诗,《清史列传》评价:"康熙初年,山林诗,之振最有名。"又云:"《课蚕诗》十六首,推为绝唱。"其山林诗清逸新奇,颇具风骨;曾灿诗才亦佳,才能卓著。曾灿生前有《壬癸集》《甲子集》《三度岭南诗》等多种编年小集流传于世,卒后其子分类编次抄录,厘定为《六松堂诗文集》十四卷,卷中有各体诗歌九卷,近千首。顾祖禹说:"止山先生年未弱冠为诗辄工,一时耆年尊宿、负重望者见先生诗,未尝不惊且异曰:'有是哉!其才如是,乃玄黄易位,山川泪陈'。"评价极高。钱谦益也曾高度赞颂曾灿诗中的故国之思和恢复之志,称"其思则《黍离》《麦秀》也,其志则《天问》《卜居》也"。

其三,都曾编诗,且诗学主张相似。

吴之振当年和吕留良、吴自牧等人合编《宋诗钞》,并携带入京宣传,此后《宋诗钞》流布天下,影响深远;曾止山的《过日集》历经十年筹备,收录明天启、崇祯至清康熙十二年(1673)五十年间佳作名篇,刊刻于康熙十二年(1673),传播海内。

在诗学主张上,简而言之,吴之振反对尊唐抑宋,以宗宋为主,主张缘事而发,率性而作;曾灿则反对分唐界宋,倡导诗本性情,崇尚沉雄典雅的风格。虽然不能说完全一致,但吴之振和曾止山都对诗坛流弊进行了反思,提出的诗学观点也有颇多相似之处。

对于朋友间所持不同观点,吴之振在一次与曾止山、吴自牧、董载臣雪夜集饮时,写下"论诗同异在,泛爱子多能"的诗句。

可以想象，那天夜里，白雪纷纷，烛影摇红，诸好友倾壶斟酒，作诗论诗。意见相左则求同存异，仍然互相尊重，互相欣赏。

吴之振和曾止山一见如故，成为知己。《曾青藜姜奉世合传》一文既提到曾灿的性格"褊急，不能容人过。又使酒，善骂座"。不过，和性格豪荡的吴之振，却是心照情交。

康熙二十一年壬戌（1682），吴之振出游苏州，又与曾止山得以在苏州雅集，又一群好友临兴写诗，吴之振兴起，作诗八首，其中一首便是《曾青藜移居再次前韵赠之》：

炙烛黄叶村，一别三年久。
叶侯昨寄语，谓我待子厚。
渐逼衰暮年，恋此贫贱友。
杂沓车马驰，甲乙混某某。
松柏高千寻，讵肯安培塿。
平生江海心，把茅未入手。
僦屋皋桥东，泥新垩墙垢。
订交在杵臼，藏名载广柳。
慨世无新人，举杯嘱君酒。

"炙烛黄叶村，一别三年久"，吴之振此时与曾止山已经三年未见。"叶侯昨寄语，谓我待子厚"，作者自注，叶侯即是叶燮。吴之振写这首诗时已经四十三岁，觉得自己已是垂暮之年，年纪越大，心中便愈发想念自己的知己，这里指的就是曾止山。

对于游走四方的曾止山，吴之振一直都充满了敬佩。诗中

连用典故:

"杵臼"出自《后汉书·吴祐传》:"时公沙穆东游太学,无资粮,乃变服客佣,为祐赁舂。祐与语,大惊,遂共定交于杵臼之间。"东汉时,书生公沙穆隐居在东莱山求学,为筹集求学经费,穿上粗布衣服到陈留郡长官吴祐家做舂米雇工,吴祐见其谈吐非凡,就与他结交为好友,并资助他继续求学。"订交在杵臼",是惜与曾止山的君子之交。

"广柳"出自《史记·季布栾布列传》,项羽被灭后,刘邦下令捉拿项羽的将领季布,于是"乃髡钳季布,衣褐衣,置广柳车中,并与其家僮数十人,之鲁朱家所卖之"。有人把季布置于广柳车中,帮他逃脱追杀。把曾止山类比季布,暗指他是遗民。

从"僦屋皋桥东,泥新垩墙垢"一句中,可以猜测,上次拜访黄叶村庄前后,曾止山可能在高桥租过房子,居住过一段时间。若真是如此,那么这一年不到的时间内吴之振和曾止山交往应该是比较密切的。

最后,吴之振感慨世上无新人,只好举杯邀酒。言语之间,两人惺惺相惜,深情厚谊可见。

吴之振和曾止山之间伯牙子期式的友谊,实属难得。而吴之振晚年在写给宋荦的书信中,写到"复欲辑选三唐之诗以救近日学宋诗者之弊,缮录一就,当寄正左右而后发梓"体现了吴之振诗学立场的转变,也许,曾止山的某些诗学观点或多或少会对吴之振产生了一些影响。

修筑黄叶村庄后,吴之振交游更加广泛。简而言之,中年时期的吴之振,在交友上,既和早年部分浙东友人有友谊延续,又增加了僧人道士和新识的豪杰文人，交友圈进一步扩大了。

四

以上所举仅是其中几位，其实，这一阶段，吴之振交往的重要的朋友还有很多很多：

譬如，吴之振曾写《次韵答梅里李武曾》，他和李武曾有交往，李武曾即李良年（1635—1694），嘉兴梅里（今王店）人，清文学家，与朱彝尊并名。著有《秋锦山房集》二十二卷及《外集》三卷，《词家辨证》一卷，《词林记事》三卷，《三礼解》《国朝文纬》《灌园诗》一卷。

康熙十七年(1678)八月，湖南衡阳周士仪寓居黄叶村庄野航水阁。吴之振陪同周士仪去东庄拜访吕留良，写下《同令公过晚村小饮》。周士仪是前朝遗老，明亡后，闭门著书，纂集明代史事，游历燕、齐、吴、越，访览故家遗书，纂《明纪野获》二十卷，《史贯》十卷，均由王夫之为之序，是王夫之挚友。书成，又历览名胜古迹，所至慷慨凭吊，见诸吟咏，著有《周藿园集》。

除了前朝遗老，吴之振还与当朝新贵有交往，这一点和吕留良不同。

康熙二十一年壬戌（1682），吴之振有诗《琴鹤清风图为李邺园中臣赋》。李邺园即李之芳（1622—1694），山东武定人。明崇祯十五年（1642）举人，清顺治四年（1647）中进士。康熙十二年（1673）六月，李之芳以兵部侍郎身份离京去杭州"总督浙江军务"，参与平定了反清势力，是朝廷新贵。

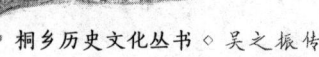

吴之振还有《送家青壇游粤东兼寄梁药亭孝廉》。梁药亭即梁佩兰（1629—1705），广东南海人，清初诗人，授翰林院庶吉士。其诗歌意境开阔，功力雄健俊逸，被时人尊为"岭南三大家"，著有《六莹堂前后集》等。

吴之振与施闰章也有交往，有诗《施愚山大参寄惠敬亭绿学走笔奉酬得十绝句》，施闰章（1618—1683），字尚白，号愚山，宣城人，出身于书香门弟，是清初杰出的文学家。《清史稿》载："闰章之学，以体仁为本。置义田，赡族好，扶掖后进。为文意朴而气静，诗与宋琬齐名。"王士禛爱其五言诗，为作《摘句图》。

中年时期的吴之振和苏州文人圈也已经有了交集，如林天友、叶星期等。

挂一漏万，不再赘述。可见，吴之振所交好友不仅有乡党友人、前朝遗民、豪杰文人，还有僧人道士、官宦朝臣。这段时间，吴之振的生活和交友都非常自由，范围也更加广泛。

吴之振所交好友既显示着他的出处态度，又反过来影响他的出处态度，同时，对他的诗歌创作同样会有重要的影响。

第八章　孟举肝肠雪霜白，博施济众美名传

一

吴之振喜欢诗酒歌赋，风花雪月，但他不是只知陶醉在文艺世界中的疲软文人，也不仅仅是个耽于玩乐的纨绔子弟。他积善乡里，博施济众，同情弱者，为之解难。《清史列传》言吴之振"勇于为善，乡人多称之"。《石门县志》把吴之振列在《义行列传》，谓其"慷慨好施与"。朱纮有《州泉积善录》，此书专门记录了吴之振赈荒、施药、救灾、助丧、施榇诸事。吴之振一生为富有仁，仗义疏财，不仅是位"乡隐"，更是位"乡贤"。因他多行善事，尤多义举，乡人感念之，死后，祀乡贤祠。

吴之振说过"关得双扉坚似铁，不容俗物浪相干"，仿佛显得此人有些孤傲得难以接近。但清高风雅是他，同时，善良热心也是他。不管亲疏远近，凡是遇到任何可怜、可叹、可惜的人或事，他都愿意伸出援手，用自己的财力和影响力去解决难题，是个实实在在的大好人。

吴之振从小读书，在儒家思想的浸润下，成长为一名传统的士大夫，行事亦按照儒家道德标准。

顾楷仁在《吴之振墓志》中,回顾了吴之振的事迹:

> 癸卯临闱,闻太孺人病,即罢归,亲制药物,检槛器,不栉翔、不胁席者几一年。此公之孝也。公鲜兄弟,待从兄弟如兄弟,视其子如子,视其孙如孙。幼而饮食教诲,长而授室,经纪其家,俾咸得成立。此公之友也。宗党族属,咸有恩纪以相及,以远近为等杀,不以厚薄徇爱憎也。戚属之休戚,视如一体。有甥孤子来归,为之抚养婚娶,且析己产授之。既去,而呵护之,其人遂殖产致富。此又公之睦姻也。知交缓急叩门,不以有无为解。门士之贫者廪食之,或进取无阶,则力为提挈,遂有弋科名登仕版者。闾里急难,则为之排解,其死丧贫乏则周贷不惮烦。此又公之任恤也。

此段所述,吴之振对生病的母亲细心照顾,孝字当先;对兄弟的儿子情深意切,视如己出;和宗族关系和睦,不分远近;对外亲甚是亲密,视如一体;贫者门士,力为提携;给予百姓帮助同情……如此种种,正符合《周礼》所说六行,即孝、友、睦、姻、任、恤。

吴之振的家族,可以说是"以善传家"。《石门县志》载,吴之振的曾祖父吴鉴"慷慨有大节,遇宗党贫困,尝倾囊与之";祖父吴沛然"岁祲,煮粥以疗饥人,所活盖数千口";大伯父吴尚伦"值旱蝗,请发帑赈给,赍粟行村落,使哺者无出乡";父亲吴尚思"明季大祲,出家粟千石,赈活饥民无算"。为善,可以说是吴家的家学。

吴之振幼年丧父，母亲范氏慈祥好善，言传身教，一直教导吴之振不得刻薄，不得损人利己。告诫他，若读书不务为善，读书何意？若有人称赞吴之振的德行，他便说自己的行事不及母亲的百分之一，不足为道。范氏菩萨心肠，《吴母范太孺人传》中称"太孺人真佛地位中人也"。

吴之振继父之志，敬奉母训，是为孝。

吴之振谨遵父母的教导，对同族、外戚有情有义。崇德县有位叫吴震亨的，是吴之振的族人，吴震亨英年早逝，留下孤儿寡母。幼儿孤小，寡母守节，生活不易。吴之振知道后，主动承担抚养责任，每月供给粮食，直到孤儿长大；又有位叫费君的外戚，是前朝的一位清廉好官，崇祯五年（1632）时，不幸被流寇杀害了。丧归，贫不能葬，家里的两个儿子又相继死去。四十九年后，吴之振知道了这件事，大为感慨，于是慨然为举三丧，还请吕留良为费君写了墓志铭。

对待朋友，吴之振同样慷慨大方。

他经常满怀欣喜地赠送礼物给朋友。吴之振的挚友叶燮评价其为人曰"语溪豪宕人，肝肠雪霜白"。他把家里收藏了三十年的山茧绸缎送给吕留良，还谦虚地说自己是俗骨，不能消受，只能持赠高人。吕留良喜欢砚台，他就送吕留良一个卤砚；杨玉符太史来黄叶村庄做客时，吴之振就把珍藏的茶瓯子送给他；眼看天气愈发冷了，就送给好友朱纮一件皮毛大衣；甚至家里有些新鲜的荔枝，他也要拿几颗去给劳之辨尝一尝……总之，有什么好东西，吴之振就常想着要同朋友分享，丝毫不计较利益得失。

若是朋友有难，吴之振必出手相助。

他多次向师友吕留良慷慨解囊，吕留良在《岁除杂诗》写道："常说年难坎，今年分外难。市门添药帐，佃户减租单。债到冬逾急，愁因多反宽。恐伤良友意，不忍道饥寒。"自注："孟举、自牧济予困急甚至。"在《与吴孟举书》中又提到："受吾兄之惠，真难更仆数矣。岁暮节逼，风雪中复念及寒子，赠以厚物，兄固以古人自处矣。如弟惭何也。受者不辞，施者不厌，时以语家人，亦无不且感且怪耳。"知道好友叶燮生活过得比较艰难，吴之振就慷慨解囊，主动给叶燮一些钱财，助其度岁，叶燮也很感激，写诗《孟举以诗送别兼赠度岁之资》记录；好友吴友坤的外舅郭寅卒于京邸，吴之振赴京师曾与之相识，他很热心地给郭寅办丧事……此类种种，不胜枚举。

吴之振还是个垂髫小儿时，就受儒家思想的教化和母亲的言传身教。儒家思想已经成为一种内化的道德，成为他善行义举的思想根基。

儒家讲"仁"。孔子说："夫仁者，己欲立而立人，己欲达而达人。能近取譬，可谓仁之方也已。"其中包含着一种推己及人的风尚和助人为善的精神。孟子又强调"恻隐、羞恶、辞让、是非"四心，论及人之善端中，提出："人皆有不忍人之心者，今人乍见孺子将入于井，皆有怵惕恻隐之心……恻隐之心，仁之端也……"同样包含着趋善的道德价值。

儒家的义利观也对吴之振有很大影响。孔子认为："君子喻于义，小人喻于利。"又言："君子义以为上。"有品德的君子要做到超越眼前的利益而成为道德的典范。儒家思想中的仁人志士无不敦诚信义，舍利取义。所谓"不义而富且贵，于我如浮云"，所以，身在富贵人家的吴之振不言名利，乐善好施，孜孜致力于开展救困扶危的慈善事业。

吴之振的一生，偏居一隅，但在乡间多行善举，救助了不少人。《清史列传》言吴之振"勇于为善，乡人多称之"，名副其实。

二

《石门县志》把吴之振列在《义行列传》，谓其"慷慨好施与"，着重记载了吴之振在赈灾方式上提出的"施粥不如分区赈米"的倡议。

康熙九年（1670）六月，崇德大雨水，农田全被淹没，百姓糠粃果腹，草木充肠者遍野累累。这次的天灾很严重，知县杜森写了《详督宪煮粥赈饥文》，于是，义民捐款，在知县杜森的倡导下施粥赈饥。粥厂分别设在城内广福寺、城外期堂寺、石门镇玉溪庵、洲钱祇园寺、马鸣前圻庙五处。每天上午九点到十一点，便开厂施粥赈饥。

不幸的是，涝灾过去不到一年，农民的生产生活刚恢复不久，到康熙十年（1671），崇德又经历了大旱灾。

这场灾害非常严重，自五月至九月不雨，大旱，大燠，草木枯槁，赤地千里。将近半年不下雨，在农业社会，意味着农作物大量减产、绝产，农民没有收成。

吴之振一出门，便看到一副饿殍遍野的凄凉景象。倒在路边的人形容枯槁，农民饥不择食，吃着糠粃，有的甚至还撕下

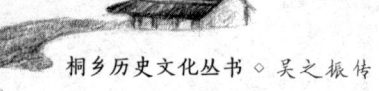

树皮，挖出草根塞进嘴里充饥。耳边传来的是老人和孩童的哀号声、哭泣声。天灾当前，人如蝼蚁。

官府传来消息，准备和上年饥荒时一样，开厂赈粥，以施救济。

施粥是一种古老的赈灾救济方式，《礼记》中即有记载。当时，齐国发生了严重的饥荒。有位叫黔敖的人，为饥饿的人备好食物，摆在大路边，赈济灾民。有一个饥肠辘辘的人用衣袖遮住脸，拖着鞋子，昏昏沉沉地走了过来，黔敖左手端着食物，右手端着汤，对他吆喝道："喂！来吃吧！"那人瞪大眼睛盯着黔敖，说："我就是因为不吃侮辱我的尊严的食物，才饿成这个样子的。"黔敖追上前去向他道歉，他仍然不吃，最终饿死了。

这就是著名的"不受嗟来之食"。不过，真正饥荒降临，死神当前，嗟来之食都很宝贵，对大部分人来说，哪有尊严可言？活着，便是一切。

官府施粥，好处在于可以快速、直接地挽救因饥饿垂危待毙的生命。灾荒之际，饥民甚多，将其从死亡线上拉回来实乃当务之急，直接施粥是最有可能产生立竿见影之效且又方便可行的途径。

但是，这回吴之振却皱起眉头，在心里多加思虑了一番。他看到过开厂施粥的场景，施粥虽然可以直接挽救很多生命，但是，这样的赈灾方式实在存在着诸多弊端。

官府开厂施粥，很容易被无良小官吏侵吞冒领，一般饥民倒不一定领得到，有的地方还发生过以次充好、克扣赈粮之事。

再而，施粥一般在城镇设厂，四方饥民再闻风骈集，到粥厂领取。但是，以这种方式施赈，不能散布乡野。也正因为如此，上一年赈粥的时候，才在原本三个粥厂基础上，又在洲钱祇园寺、马鸣前坭庙重新设立两个。即便这样，也不能完全解决问题，对乡野饿农来说，本来就已经饥肠辘辘，行动不便，还要走到粥厂去领粥，不仅路途遥远，要花费很长的时间。本就饥饿难当，再加奔劳，更容易生病。如果荒民住的地方和粥厂近一点倒还好些，虽然要受些劳顿之苦，也总算能领到粮食充饥。但是，总有数十里以外的灾民，对他们来说，开厂施粥真的很难得到帮助。

此外，开厂施粥还容易造成危险。荒民在粥厂聚集，几日不能饱食之人，看到粮食往往争先恐后，僧多粥少，一旦发生哄抢，场面难以控制，则十分危险。如果荒民群集于赈粥处，不肯散去，也容易造成拥挤，施粥不好继续，存在许多隐忧。

还有一个问题是，百姓如要领取粥，就必须每日到厂排队，到者方能有份。如果一家人都需要赈灾粮帮助，必须每个人都到场，各领各的。这样很费人力，就算允许代领，携带着热粥一路奔波，也很不方便。荒民每人每日到厂领粥，家里的田地就更无人管理了。田地是粮食的根本来源，农民对农田放置不管，不是良久之策。

百姓在领取粥粮时，还很可能不公正。试想，官府每日九点到十一点赈粥，有的灾民体力较强些，可以在多个施粥厂间辗转，多吃几顿。而老弱病残或迟来的人可能就会因此分不到粥，空空而返。灾民众多，官府人员在施粥时不可能一一查核，这样，最弱、最需要帮助的灾民很有可能反而得不到帮助。

施粥确实是个直接、易操作的方式,但是这些问题都是要正视的。吴之振苦想,有没有一种更好的救济方式呢?

他想到师友吕留良提到过"赈米"一说,觉得很有道理。经过再三考虑,吴之振认为,这次赈灾采用"分区赈米"的方式实在比传统的施粥要可行得多。于是,他向县令杜森分六点详细地阐述了施粥的隐患和分区赈米的优势:

> 餐粥必远里奔赴,既费终日之工,且饥人每日劳驰,更有罢病之患。若群聚不散,尤多隐忧,不如各区赈米,其便一。餐粥必每日至厂,即从此日日饱餐,田地何人耕治?惟各区赈米,则仅费顷刻之支领,不旷旬日之工程,其便二。一户数口领粥,必须人人齐在。此则只需一人持票赴领,数口皆得安业,其便三也。粥厂仅饱城市近郭之人,数十里以外,势难就食。若赈米则各区同行,可以无远不届,其便四。至食粥人众,强者或数厂重餐,弱者或后时空返,无从查核,兹则按籍可稽,其便五。石邑之户口,尽于一十七都,使各都举行,已无一夫失所。况由此推之,各属府县各救间里,何从更有流亡?其便六。

县令杜森听了吴之振的六条阐述,觉得考虑周到。很明显,分米确实比施粥效率要高得多,于是采纳了吴之振的建议。

本次赈灾就以"分区赈米"代替"施粥"。实施下来,效果确实很好,无数饥民熬过了苦难,在天灾面前捡回了一条人命。《石门县志》载:"自正月至麦收蚕熟而止,活饥民无算。"

吴之振不仅提出了建议，自己也进行了捐助，乡里百姓人称其义。

这一年的浙江巡抚是范承谟，这位曾被李渔赞为"盖先生之臣节，求之千古上下，惟天祥一人，足以媲美"的巡抚，在浙江四年，勘察荒田，奏请免赋，赈灾抚民，深得当地民心。范承谟当时也在热切关注着石门县的这场天灾，听说吴之振毅然提出"施粥不如分区赈米"的建议，挽救了无数条生命，大加赞赏，表其门曰："义赈乡间。"

三

有清一代，民间溺婴弃婴现象渐趋严重。

究其原因，便是人口增长与农业发展的异步性。清初，战乱已过，人们能过上安居的日子，不必奔波流离。朝廷为恢复因战乱破坏的的经济状况和社会秩序，又采取了稳定的统治措施，这些都不同程度地促进了清朝人口的急剧增长。人口增长急剧，而农业生产发展却比较缓慢，直接导致人均耕地面积、人均粮食产量变少，人民生活贫困。贫困人家无法维持生计，不得已，将初生婴儿丢弃。

而在溺婴弃婴之中，女婴又远多于男婴。中国人重男轻女思想根深蒂固，"产男则相贺，产女则杀之"，溺杀女婴的陋习，在战国末期的韩非子笔下已有记载。从实际情况看，男的可以传宗接代，延续香火，男婴成人后还可以成为劳动力为家庭贴补，而女儿出嫁时，娘家却要准备丰厚的彩礼。

诸多原因，使得清代溺婴弃婴众多，女婴尤甚。溺婴弃婴违反道德伦理，许多人对此现象严厉斥责，官府企图加以制止。但此现象并不见好转，禁而不止。于是，带有慈善性质的育婴堂便出现了。

传统的慈善事业主要包含育婴、养老、济贫、保节、施棺掩埋代葬、施粥等多个方面。据《石门县志》记载，崇德历史上曾设有养济院（又称孤老院和安养院）、恤嫠会、接婴堂、育婴室（留婴堂）、保婴会、老人堂、义塾、施衣集、赒葬局等慈善机构。其中，育婴堂作为众多慈善机构中的一种，主要负责收容那些父母无力养育或遭到遗弃的婴孩，并对他们进行哺育与照顾。育婴堂的建立与维持需要一定的经费支持与相应的管理措施。在经费来源上，大致有政府财政拨款和社会各阶层人士慈善性施捐两种形式，其中主要以民间捐助为主。

人不得不面对命运的不公平，有的人出生即享有健康平安，富贵一生；有的人出生就直面孤独悲痛，惨遭抛弃。

一直以来，吴之振的生活都过得富贵平顺，他无疑是幸运的那个。而那些被遗弃的婴儿，带着啼哭声，一无所知地来到人世，就要承受着被至亲丢弃的苦难。对他们来说，如果无人帮助，出生就意味着死亡。

面对人世间的不幸，吴之振于心不忍，母亲的话犹在耳旁，他希望尽自己所能，救助那些被遗弃的初生婴儿。

当时，面对弃婴现象，县衙已经准备买地造屋，建造育婴堂，对弃婴进行救助。但是，如果由官府重新购地买屋，新建育婴堂，再做一番经营布置，需要很长一段时间。

吴之振急公好义，想到一个简便易行的方式，当即做了一个决定：捐出自己的房屋，动用自家的仆人，出资开办育婴堂。《石门县志》中，专门有记载的育婴堂在南门外，在嘉庆六年（1801）由邑人公建。其实，在此之前，吴之振就已经出资行育婴事，慷慨地捐出自己的房屋作育婴堂了。

吴之振做完决定后，便向官府说明这样做的好处：

> 省会地广人稠，故既设之堂，复多置典司之人以董其事。石邑弹丸，朝闻暮集，其势易遍。且一城如斗，而为之购地买屋，反滋骚动。经营布置，辄稽时日。欲即于家间举行其事，盖趋外憩息者某之屋，不必更谋公家之地，所奔走效用者某之人，不必更食公家之食。似为简便而易行。

官府欣然接受，吴之振便捐出自己的部分房产，作了育婴堂，官民无不褒扬。

就这样，石门县中多了一个育婴堂。这个育婴堂每年都能救助许多小生命，把他们从死神手里抢夺过来。《石门县志》记载"自是每岁活婴儿甚众"。

育婴堂专门收育那些被遗弃于野外路旁的婴儿。对于那些孩子来说，育婴堂是个较好的去处。

嘉庆南门外的育婴堂条规中提及，育婴堂会雇佣乳妇，在选拔乳妇时，很注重乳妇的健康，还要求她们壮实稳重。乳妇一般会在堂内养育婴孩，如果要带回家哺乳的话，每个月初一、十五得抱着婴儿到育婴堂接受查验。

育婴堂对乳妇的饮食要求比较严格，规定她们哺乳时不能吃韭菜、大蒜、牛羊肉、酒这些荤腥或刺激性食物，以免婴孩受病。还有专门人员每月两次对乳妇和婴儿进行公验，如果乳妇把婴儿哺育得白白胖胖的，那么除了月钱还另有奖励，但婴儿若是比之前瘦弱很多，则要扣钱。

育婴堂中还设有董事，总理一切事务，其中一项便是稽察乳妇勤惰之况，有无欺虐婴孩等。此外，还会派专人帮婴儿清洁、医病。

弃婴渐渐长大，如果是男孩，到七岁就送到附近的里塾读书，到了十岁就觅店铺令往，学习生意。女孩五岁，查有原送人者，领回，无所依则拨交董事诸人，教习女工，十六岁开外择配。

这样，虽然不幸身为弃婴，但至少活了下来，有人养育，有人陪伴，来世界一遭，也看了看风景。成年以后，如果自己肯努力，还可以有不错的发展。

吴之振能够捐出自己的房屋作为育婴堂，收养弃婴，派遣自家仆人奔走效用，实为一桩伟大的善举，他的这项善举，失去的是一些房产，得到的却是无数条活泼泼的生命。

吴之振用自己的房屋开办育婴堂，积德扬善，仁慈之心，乡人们普遍赞扬，争相传颂。当然，吴之振当之无愧。

四

《州泉积善录》是朱纮所作。朱纮原是苏州人，赘居石门，后客吴之振家。在生活中，吴之振和朱纮是亲密的好友，两人常在一起吃饭喝酒，互送小礼，写诗唱和。两人相处的日子越来越久，朱纮对吴之振的为人也越来越了解，他看到吴之振总是做善事，就很想把这些善举记录下来。

一日，朱纮在喝酒时对吴之振说："孟举兄，你仗义疏财，博施济众，好事如果不记录下来，实在可惜啊！"

吴之振笑说："昔人谓阴德如耳鸣，人不知而己独知之。做善事自己知道就可以了，记录下来，岂不是刻意宣扬啊？"

朱纮答："记录的目的是扬善，并非扬名。如果将善举记录下来，后人仿而行之，为利无穷！"

吴之振还是摇摇头。

朱纮继续说道："孟举兄如此，却是为一己之私而抑善了，孔夫子都是不赞成的。'子路拯溺'，'子贡拒金'，孔夫子的态度大相径庭。"

"子路拯溺"的故事讲的是：子路救了一个落水的人，那人为报救命之恩，用一头牛作为答谢，子路接受了。孔子对此表示赞成，他说："鲁人以后都会勇于搭救落水者了。"

"子贡拒金"的故事讲的是：鲁国有一道法律，如果鲁国人在外国沦落为奴隶，只要有人能够把这些同胞赎回来，就可以获得金钱奖励。子贡曾经赎回一人，但不好财富，不去领金钱。孔子却认为子贡此举不妥，因为从此以后，鲁国可能就没人再去赎回同胞了。

吴之振在自己的诗文中对平生所作的善事只字不提，但朱纮还是执意写了《州泉积善录》，专门编辑吴之振生平所行如赈饥、救灾、已责、助丧诸善事，共三十五条。商丘宋荦、昆山叶燮、慈溪姜宸英、武进邵长蘅皆为此书写序,这四人皆是文章巨公。其中,姜宸英在《州泉积善录》一书的序中写到:"此其故人八十岁翁朱纮氏之所为也,非吴子之意也。"

可惜的是,《州泉积善录》一书早已佚,但《石门县志·杂类志》中录了三条善事,文末注明"皆见《州泉积善录》"。

第一个故事讲了吴之振"买童遣归"。

吴之振的长子吴宝林要聘媳妇了,所要迎娶的是苏州顾汧的女儿。顾汧是康熙十二年(1673)的进士,授翰林院编修,官至礼部侍郎。

吴之振亲自前往苏州送聘礼,并在当地买了一名书童,取名"河洲"。后来,偶然经过一家人门口,见一对夫妻相对而哭,哭声凄厉。吴之振见状,跑过去问其原因。原来,自己买的这名书童正是这对夫妻的儿子,他们兄弟几家只有这一个儿子,不得已卖了。吴之振听后,于心不忍,就遣回了刚买的书童。为了消除他们的顾虑,还将买书童的契约当场烧毁了。

第二个故事说的是吴之振替人还债焚券。

石门县有一名杀羊的屠夫蒋某,嗜好赌博。有一次出去赌钱,运气不佳,输给一名驿卒许多钱,输了钱又无力支付。

于是,蒋某就将夫妻两人抵押给了驿卒,以此偿还赌债。蒋某的妻子不愿前往驿卒家中,但自己丈夫欠钱在先,无能为力,只得日夜哭泣。

吴之振听说了这件事以后,就把驿站的官员和驿卒叫来,责问道:"听说驿卒以赌博的方式抵押了一对夫妇,你是他的长官,难道没有监督不严的过失吗?"

赌博的驿卒见吴之振把自己的长官也叫来了，还批评了自己的长官，心里有点害怕。吴之振是县里有名的富家子弟，还是个人人称道的大善人，县令都要敬他三分。驿卒觉得事情闹大了，本就心惊胆战，又听吴之振这么一说，觉得很窘迫，赶紧拿出抵押券，要将人放回。

吴之振接过了抵押券，也没有借由自己的影响力欺压驿卒。他又对驿卒说："虽然你是通过赌博赢的钱，终究还是蒋屠夫欠了你钱，抵押券我收着了，钱嘛，就由我代他还你吧！"

身在一旁的屠夫蒋某，看到吴之振如此行事，既是感激、敬佩，又是惭愧、懊悔。他对吴之振说，自己愿意终身在吴家服役，一辈子忠心耿耿，以谢大德。吴之振却说："我不过是偶然间听说了这件事，可怜你的妻子，所以来解决纠纷罢了。如果让你到我家服役，就和驿卒把你们抵押的做法没有分别了。"说完，吴之振就将夫妻俩的抵押券烧了。

第三个故事讲的是吴之振捐银救女。吴之振不仅对族人或同乡进行资助，在异姓或是外地人需要帮助时，他亦能伸出援助之手。

湖州离石门很近，若坐上一条小船，顺着石门县的悠悠运河，能到达湖州。许多湖州人若是水路出城，就会在石门县停留，歇息片刻。

湖州菱湖有费某夫妇，以贩柴为业。每次到石门县城，会买些私盐回菱湖出售，从中赚一点小钱奉养双亲。费某夫妇运气不错，来回几趟都没有被发现，便放心大胆地继续做着这门小生意。

不巧的是，有一次，他们贩卖私盐的行为不小心被石门的捕役发现了。贩卖私盐可是犯罪，早在春秋时期，齐国管仲就提出了"官山海"政策，盐和铁实行专卖，以后历朝历代，都是明文规定不允许老百姓私自贩卖食盐的。

这俩夫妻违禁贩卖私盐被抓，被要求罚银子九两多。

九两多银子对这对普通夫妇来说不是个小数目，真是得不偿失。费某计无所出，决定卖妻以缴罚款。卖妻在清朝比较常见，女子地位低下，一旦结婚，就成为男性的私属物，受其支配。如果男人不能自活，卖妻也就顺理成章了。

费某的妻子听说自己将被典卖了，一路哭号："我家里老人九十多岁了，我已怀孕数月，我宁死也不改嫁！"听到的人无不哀叹。

吴之振听说这件事后，可怜这个妇女。于是，他又拿出九两多银子，让费某去官府缴纳罚款。费某谢过恩德，立即赶往县衙。

知县不解，问："你不是说没有钱嘛？如何这么快就能拿出罚金？"

费某将原委告诉了知县。知县了解实情后，为吴之振的义举所感动，便把贩私盐的十余名轻犯都释放了。

这三个小故事，都是讲吴之振仗义疏财。诚然，吴之振良好的家庭经济实力是义举善行形成的重要基础，但可贵的是能"人富而仁义附焉"，生在朱门的吴之振不必饱尝苦难，但对苦难者有同理和同情之心。

吴之振不仅在灾害时期帮助灾民渡过难关，做大善事。还在日常生活中同情弱者，不以善小而不为，为弱者辩白，为弱者排忧解难。《吴之振墓志》载：

> 邑有大利病，人所默塞低头者，公昌言无顾忌，疑狱则疏通别白之，冤案为伸雪排释之，其人事解不知所由来也。盖匪独不受馈，并不居名，其不为寒蝉之刘胜，而为水盂之任棠有如此者。公以明经需次中翰铨补，久已及期，在位之相知有气力者，竞欲推挽，以书促驾，人谓通显可庋契致，而公顾掉头勿就也。其澹荡于荣利有如此者。若利济之事，详在《家状》及《积善录》中，故不复件系。间尝论之，《录》所载赈饥施药，则清献之越州救灾也；恤孤育婴，则横渠之慈弱幼幼也。公之经世实学，略见于此矣。惜身未用世，所及止乡邦尔。然古人不云乎："可一邑即可天下，可一时即可万世。"

《州泉积善录》记录了吴之振的诸多善举，可惜的是，因为书的遗失，流传下来的故事很少。

对读者来说，这些善举仅仅是遥远的故事罢了，读完至多有些感动而已。但对于故事中那些生活陷入困境甚至绝境的人来说，吴之振的义举在当下真实地给予他们援助，救人性命，给了他们生活下去的勇气。

《石门县志》把吴之振列在《义行列传》。许慎《说文解字》云："义，己之威仪也，从我从羊。"羊是古代祭祀用的动物，本身也是温和的动物，凡是带羊的字大都与善、美有关。"义行"

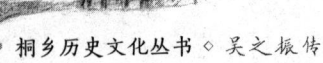

即是善良的疏财仗义的行为。吴之振德行显著,好行其德,死后祀乡贤祠。

被祭祀乡贤祠的人物都是人们心目中的榜样,是高山仰止、景行行止的典范。对百姓来说,乡贤祭祀的是本地之人,他们不是遥不可及的神话传说,而是实实在在的,并且和自己有一定关系的真实人物。见贤思齐,用乡贤生前的品德和事迹教化同乡人。

吴之振生前的善心义举便化为了一种显著的精神力量,激励着后人的向善之心。

第九章　招携同入江西社，俗眼何曾别爱憎

一

吴之振学诗，少年时期由唐转宋。此后，他大力推崇宋诗，选《宋诗钞》行世，并以"江西社里人"自居，作宋诗创作的实践者。吴之振学宋，不专一家，还创作了大量反映民俗民风的诗歌。诗学成就上，"康熙初年，山林诗，之振最有名"，"五言古体《黄河夫》篇，直追少陵矣。近体工写景，七言绝句尤足自张一"，"《课蚕词》十六首，推为绝唱"。老年，作《论诗偶成》总结自己的诗学主张。创作上，诗风愈发平和。王昶《蒲褐山房诗话》评价说："百余年来，浙中诗派实本云间。至康熙中叶，小变其格，吴孟举、查初白出，始竞为山谷、诚斋之习，檇李学者靡然从之。"对于清初浙江诗风的转移，吴之振作出了巨大的贡献。

在诗学主张上，吴之振毫不含糊地推崇宋诗。

《四库总目》卷一百八十二叙《黄叶村庄诗集》时，说吴之振："选《宋诗钞》行世，故其诗流派，亦颇近宋人。"

为了给宋诗正名，吴之振不遗余力地选刻与传播《宋诗钞》。

《宋诗钞》的选编始于康熙二年（1663）。最初，参与选编的有吴之振、吕留良、吴自牧、高旦中、黄宗羲。不过，之后的工作主要由吴之振、吴自牧叔侄承担。《宋诗钞·凡例》载："数年以来，太冲聚徒越中，旦中修文天上，晚村虽相晨夕，而林壑之志深，著书之兴浅。"

康熙十年（1671）八月，吴之振开始了他的第二次京师之行。此次赴京，他做了一件具有历史意义的重要事件，便是分赠《宋诗钞》于京中名人。虽然吴之振家境殷富，但没有官方资助，只凭个人自筹资金，编撰及刊刻《宋诗钞》这样的宏篇，着实是一项大工程。

《宋诗钞》的刊刻，对清初诗风的影响不可低估。郁震宏、俞国林在《对〈赠行诗册〉〈种菜诗册〉背后的文化解读》一文中总结：

> 《宋诗钞》的选编，在另一个层面上，则最终推动和造就了有清一代文学宋诗派的主流地位。自吴之振赴京分赠活动之后，宋荦《漫堂说诗》载："近二十年来专尚宋诗，至余友吴孟举《宋诗钞》出，几于家有其书。"（《西陂类稿》卷二十七）这种"尚宋诗"的风气一直到发展同光体而臻于极致，可谓与有清一代相终始，推厥所由，实即滥觞于吴之振分赠一役；《宋诗钞》之后，曹廷栋编《宋百家诗存》、厉鹗编《宋诗纪事》、陆心源编《宋诗纪事补遗》等，无不承《宋诗钞》之风而起。

《宋诗钞》刊刻的背景为"自嘉、隆以还,言诗家尊唐而黜宋"(《宋诗钞序》)。唐宋诗之争自南宋便有,明代以来,尊唐黜宋之风气甚嚣尘上。清初,吴之振旗帜鲜明地宗宋。吴之振有诗集无文集,留有几篇序,在《宋诗钞》自序中,他就果决地表明自己的宗宋态度:

> 黜宋诗者曰"腐",此未见宋诗也。宋人之诗,变化于唐,而出其所自得,皮毛落尽,精神独存。不知者或以为"腐",后人无识,倦于讲求,喜其说之省事而地位高也,则群奉"腐"之一字,以废全宋之诗。故今之黜宋者,皆未见宋诗者也……此病不在黜宋,而在尊唐。……余与晚村、自牧所选盖反是,尽宋人之长,使各极其致,故门户甚博,不以一说蔽古人。非尊宋于唐也,欲天下黜宋者得见宋之为宋如此。

自序中,吴之振驳斥了不见宋诗真面目,而人云亦云说宋诗"腐"的现象,并且揭示宋诗"皮毛落尽,精神独存"的佳处,欲为宋诗翻案。

吴之振晚年还曾为孔尚任与刘廷玑二人诗的合集《长留集》作序,浙江古籍出版社的《吴之振诗集》一书中对此文也有收录,序文集中体现了吴之振的诗学主张:

> 近世主领骚坛之人,每对学者讲三昧,谈神韵,问其所以,则曰:可以意会,不可言传。作诗久,自能了悟。学者闻其语,虽不甚解,亦不复问,比于禅宗,则棒喝之微旨也。其真与伪,

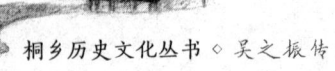

学者且不能知之,又安能学之?吾谓大抵袭沧浪之绪语耳!

夫诗者,无论学士、大夫、野老、士女,即景即事,称心成语,有情有理,矢口叶韵,闻者莫不感发,和者无不畅遂,以之被笙歌则合乎声律,可以召八风,通万籁,所谓率其天真,诚能动物也。……

序文中提到的"近世主领骚坛之人"是指王士禛,王士禛作为当时的诗坛领袖,提出"神韵说",吴之振对此有所揶揄。吴之振讥讽了虚空的神韵妙悟,怀疑其真伪,并主张作诗是缘事而发,抒发性情。

吴之振还在诗作中一次次大张旗鼓地阐明自己的宗宋主张,坦荡自信。在《次韵答梅里李武曾》一诗中,他说:"争诩三唐能哜胾,敢言两宋得升堂。眼中河朔好身手,百战谁来撼大黄。"面对诗坛的尊唐黜宋,豪言直呼"百战撼大黄"。

遇到志同道合者,吴之振快意直言自己属意宋诗。他在《次韵答毗陵杨古度》中说:"两宋诗篇古墨香,删除几涤俗人肠。"杨古度与吴之振都推崇宋诗,并有宋诗之选。

而面对诗学主张不同的王甫瞻,吴之振则笑语讥之,写下《次韵答昆山王甫瞻》戏语:"沧浪持律分诸体,也及诚斋与简斋。"并自注:"甫瞻诗学尊唐贬宋,故末句戏及之。"吴之振诗中提到了严羽《沧浪诗话》,严羽可谓尊唐抑宋的代表,尽管如此,严羽的《沧浪诗话》也有宋诗的一席之地,他论诗尚且兼及唐宋,将宋诗分为"陈简斋体"和"杨诚斋体"等,后人却常以严羽为旗帜尊唐贬宋。

吴之振生活中与人为善，在艺术主张上却爱憎分明，毫不含糊。不喜欢浙派绘画，就说浙派是"俗派"；他看不惯尊唐黜宋者，也说他们是"俗派"。在《陆鹤亭赴孝丰广文任次韵赠之》一诗中，他就说："力屏西泠删俗派，功摹北宋张吾军。"

吴之振宗宋显而易见，但宋诗本身门庭各异。对此，学者张仲谋总结：大致言之，清人学宋者分为二途：一种学梅尧臣、黄庭坚及江西诗派，此为典型的宋诗作风，然实由杜甫、韩愈一路下来，其风格特色为苍老瘦硬。另一种学苏轼、陆游，或参以白居易与杨万里，风格为轻快活泼。学前者之弊为生涩，学后者之弊为松滑。若能得其长而去其短，便足名家。

二

吴之振学宋，不专一家。

典型的宋诗作风始于唐代的杜甫、韩愈，两人属唐人开宋调。钱锺书在《谈艺录》里就说"非曰唐诗必出唐人，宋诗必出宋人也。故唐之少陵、昌黎、香山、东野，实唐人之开宋调者。"

吴之振对两位"祖师爷"很是尊崇，在《论诗偶成》其四中说："少陵五字不需删，八表神游意自闲。"在《己未岁暮杂诗》中又在"细嚼瓶蘁读杜诗"，可见他对杜甫的敬佩。从一些诗题上，也可以看出吴之振对韩愈诗歌的熟悉，他有《重九前一日集二弃草堂用昌黎醉赠张秘书韵》《九日登楞伽山用昌黎城南登高韵》《叠昌黎韵答借山上人》。

最能代表宋诗艺术特征的要数江西诗派，江西诗派成员多学韩愈、杜甫。宋末,方回在《瀛奎律髓》中把杜甫、黄庭坚、陈师道、陈与义称为江西诗派的一祖三宗。江西诗派的诗歌理论强调"脱胎换骨""点铁成金""以故为新",崇尚瘦硬奇拗的诗风,重视文字的推敲技巧。江西诗派强调"无一字无来历",将诗歌学问化,对作者和读者的文化功底要求都很高。

尊唐抑宋者常常以江西诗派作为批判对象,严羽就曾诟病江西诗派"以文字为诗,以才学为诗,以议论为诗","诗有别材,非关书也;诗有别趣,非关理也。"但吴之振毫不遮拦以江西诗派社里人自居,表明自己对江西诗派的继承。

在《次韵答谢浮病中见简二首》中,说:"玉堂戏写清癯句,便作江西社里人。"在《次韵酬嘉善魏禹平》一诗中,说:"招携同入江西社,俗眼何曾别爱憎。"在《次韵答钱塘冯文子》中,又说:"能描摩诘诗中画,肯作江西社里人。"

黄庭坚是江西诗派的代表人物,因其为江西人,才称之为江西诗派。对于黄庭坚,吴之振是拳拳服膺。

在吴之振的诗歌中,常常直接提到黄庭坚的名字。如《题禾中僧册子》:"惆怅涪翁诗句子,白头重话荔枝红。"《送静远之官陈留》:"涪翁惆怅荔枝红,白发萧骚意趣同。"又有《次韵答钱塘仇豫庵》:"虫鱼笺释强解事,不作涪翁辨无阙。"《次宋斋韵》:"不学涪翁穿木盘,漫拟昌黎馈饮爵。"《题雁荡图》:"山川岂独缘科第,莫怪涪翁笑锦屏。"在诗集中如此频繁地提到黄庭坚,可直接窥见吴之振瓣香山谷之意。

江西诗派的重要创作方法是"脱胎换骨","以故为新"。既然旧的东西没有新意,就想办法把庸俗陈旧化为新鲜雅正。吴之振对此道极其推崇,在《次韵答金飑言》中,他主张:"脂膏脱换生还熟,云雾翻腾敝作新。"《论诗偶成》其六有"若于熟处寻生趣,诗思何妨上水船"。吴之振甚至还将此创作方法化用到作画方式中,他在《画竹二首》中说"作熟须还生,味外得幽讨",使熟者生,即以故为新,正是江西诗派的诗学。此外,吴之振在《论诗偶成》中还有:"夺胎换骨义难羁,诗到苏黄语益奇。一鸟不鸣翻旧案,前人定笑后人痴。"并自注:"'鸟鸣山更幽'语意高妙,'一鸟不鸣山更幽'便无味矣。"《论诗偶成》其七有"一字换来无骨力,惭将诗格拟苏黄",他十分重视文字的推敲技巧,并学苦吟诗人孟郊作诗,写《赠友效孟东野体》《雨效东野体》。

但同时,吴之振又学前人诗中轻快活泼的一派,喜欢白居易、苏轼和杨万里。

在《论诗偶成》十二首其九中,吴之振坦言学习白居易:"长庆集中诗话在,梦余酬唱得新诗。"《长庆集》便是唐代白居易诗歌作品集。有诗《效香山何处难忘酒二首》,香山就是白居易。

对苏轼和杨万里,吴之振更是时常效仿。

吴之振早年就很喜欢苏轼,"黄叶村庄"其名便出自苏轼诗句,大概在二十四岁时,吴之振作诗《春日杂咏》,自言"一卷苏诗独自看"。《小住》一诗中有"借得坡诗聊自解"。三十六岁,吴之振觉得自己的诗已经很有杨万里的风格了,很高兴,在《西园》一诗中说"诗成渐近诚斋格"。

吴之振还常用两人的诗为韵,作《力行堂看雪用东坡遥知清虚堂里雪正似蘙卜林中花为韵得清虚字》《初出黄河口效杨诚斋体》《用苏老泉送裴如晦韵送霆发由山左之山右》《同社友饮安稳泉次碑刻坡公韵》《喜钟子静远自江山归同叶巳畦曹正则胡圆表侄有原东阳小饮橙斋次坡公韵》《小集橙斋次东坡王定国送酒韵》《和漫堂怀西湖次东坡元韵》《次东坡韵谢友人黄柑》《次东坡橄榄诗韵》等。

可见，吴之振学宋，是转益多师，既熟悉杜甫、韩愈，有江西诗派的宋诗作风，又学苏轼、白居易与杨万里，得其轻快活泼。

吴之振的诗学主张是宗宋，这一点毋庸置疑，但如果认为吴之振是一味的"尊宋抑唐"，也是有失偏颇的。

吴之振论诗有时也兼及唐宋，在《介山游洞庭归过橙斋叠远字韵见赠即席奉答》诗云："诗在三唐两宋间。"《答宋念劬二首》其二云："三唐两宋费营思。"《次韵答金飓言》云："两宋三唐派绝伦。"在《宋诗钞》自序中，吴之振也说："宋人之诗，变化于唐，而出其所自得，皮毛落尽，精神独存。"他确实肯定了宋诗的佳处，但也并未割裂唐宋诗，而是承认其传承与变化。吴之振真正否定的是"尊唐抑宋"的论调，而不是意图矫枉过正地菲薄唐诗。

吴之振编选刊刻《宋诗钞》的目的是就正俗学，但之后随着诗学转向，世有盲目学宋者，亦有流弊，这并非吴之振的本意。

龙野有《施闰章等致宋荦书信考释》一文，文中摘录了上海图书馆藏抄本《宝鉴斋录存所藏宋牧仲存札》的内容，此是宋荦友朋信札的汇辑。其中，录有吴之振致宋荦的书信：

……振所选《宋诗钞》《八家诗钞》各一册，并拙刻二册呈教,政事之暇,幸为痛加斧削。至振之选诗缘起,因牧斋先生以伪盛唐流弊后人不可底止,属以选订宋诗救正俗学。不意近来学宋者传染讹谬,滋弊更甚,街谈巷语,堆垛杳絮,李老登诚斋之床,龙褒入山谷之室,遂令海内归咎于《诗钞》之滥觞。复欲辑选三唐之诗以救近日学宋诗者之弊,缮录一就,当寄正左右而后发梓。志上南归,或心壁上人复游浙中,幸勿悭指示也。志上行亟,匆匆未及缕缕。之振载顿首。

本文作者还提到,康熙三十九年(1700)刘廷玑访吴之振后,也在诗中提及吴氏选唐诗之事:"曾倩东床寄宋诗,十年今慰梦中思……高论君诚贬世医。要起沉疴当脱换,恐伤元气更扶持。"自注"孟举又选唐诗,将完五六,其论如此"。

可见,面对学宋的流弊,吴之振有意图重新选辑三唐之诗,且已着手编选。这使我们较完整地认识吴之振的诗学观。对诗坛,吴之振始终有着热切的关心,清醒而不盲目。

三

《四库总目》卷一百八十二叙《黄叶村庄诗集》时言孟举"选《宋诗钞》行世,故其诗流派,亦颇近宋人"。邓之诚《清诗纪事初编》也说他"诗专学宋",吴之振诗有宋风已成共识。

吴之振学诗,并非天生宗宋。他在为吴震方《晚树楼诗稿》所作序文中,回忆自己:"年十六七,始交晚村,又共摹初盛唐,互相砻错,乃数变而为宋人苏黄之诗。"可见其少年时期转唐为宋的轨迹。

关于吴之振的诗歌风格，最权威的评论是吕留良和叶燮的序文。

吕留良曾为吴之振的《寻畅楼诗稿》作序，《寻畅楼诗稿》收录了吴之振1673年之前的诗，如今已经失传，但吕留良的序文流传了下来。

吕留良在《寻畅楼诗稿》序文中直接评价吴之振诗风的句子有："孟举之诗，神骨清逸而有光艳，著语惊人，读者每目瞤而心荡，如观阎立本、李伯时画，天神仙官，旌导剑佩，骖驾之饰，震为非世有，然不敢有所嗜愿，为非其类也。""凡为诗文者，其初必卓荦崖异，继而腾逴绚烂，数变而不可捉搦，久之刊落，愈老愈精，自然而成，今孟举方当卓荦崖异与腾逴绚烂之间。"

序文大多是美誉之辞，但从第一句评语来看，在吕留良眼中，吴之振之诗似乎还有一点虚荒的味道，不知是否为早年学唐诗的遗响；第二句看似夸奖，实为砥砺，指出吴之振作诗还需精进。

《黄叶村庄诗集》的序文是叶燮所作，叶燮大赋篇章，讨论孟举之诗与宋诗的关系：

……孟举于古人之诗无所不窥，而时之论孟举之诗者，必曰"学宋"。予谓古人之诗可似而不可学。何也？学则为步趋，似则为吻合。学古人之诗，彼自古人之诗。与我何涉？似古人之诗，则古人之诗亦似我，我乃自得。故学西子之矉则丑，似西子之矉则美也。孟举诗之似宋也，非似其意与辞，盖能得其因而似其善变也。

此言吴之振之诗并非"学宋",而是"似宋"。又说:

> 孟举之诗,新而不伤,奇而不颇。叙述类史迁之文,言情类宋玉之赋,五古似梅圣俞,出入于黄山谷,七律似苏子瞻,七绝似元遗山。语必刻削,调必凿空。此其概也……盖孟举之能因而善变,岂世之蹈袭肤浮者比哉!

此言吴之振作诗善变,"似宋"而"不独似宋"。

两篇序文相较,可以发现,吕留良和叶燮的评价相去甚远,也许,《寻畅楼诗集》和《黄叶村庄诗集》的风格本身就并不一致。

吕留良的序文之后,吴之振识语"此老友晚村序余癸丑以前作也",也就是说,定稿的《寻畅楼诗稿》所选作品都是1673年以前所作。《黄叶村庄诗集》卷一、卷二也是1673年前所做,那么,能否撇去序文评价,根据这两卷诗直接窥探吴之振早年的诗风呢?

此举不妥。可以猜测,《黄叶村庄诗集》卷一、卷二即使选有《寻畅楼诗集》中的诗作,数量应该也非常有限。首先,卷一、卷二的诗作明显与吕留良的序文评价不甚相符,倒与叶燮的相似。其次,康熙十年(1671)吴之振第二次赴京时,就曾将《寻畅楼诗稿》赠送给王世禄、汪懋麟、劳之辨、周宏等人,也就是说,该诗集在康熙十年(1671)前应该已经刊刻过,之后的续编暂且不论,至少在京分赠的《寻畅楼诗集》对应的仅仅是《黄叶村庄诗集》中的第一卷诗,而这一小卷诗中,又有三分之二的内容与第一次京师之行有关,其余所剩无几。想

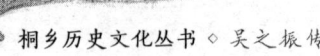

来，吴之振当年刊刻和分赠的《寻畅楼诗集》不可能只有这些内容。

可以猜测，吴之振晚年在编选《黄叶村庄诗集》时，选用了《寻畅楼诗集》的作品，但一定删去了其中的大部分内容，吴之振也曾自述"诗卷删同落叶多"。删诗的原因也许是对自己早年的大部分诗作不甚满意，或者单单认为既有《寻畅楼诗集》，不必再作大篇幅重复。

四

吴之振是清初著名诗人，是宋诗的实践者，"宋风宋调"始终在其诗集中占主导地位。但有一点需要注意，吴之振晚年对于唐宋诗的看法有所转变，他在家刻《瀛奎律髓序》中就说："时代虽有唐宋之异，自诗观之，或尊唐而黜宋，或尊宋而祧唐，此其方隅之见也。"当然，吴之振自己的作品，呈现的还是宋诗派的面貌。

宋诗重视学问，不读书是不行的，吴之振自述"睡破一卷书，澜翻杂经史"。他的诗，有的用典繁多，有的暗含理趣，有的音节奇崛，有的句法拗折。随便摘取几例即可发现非常明显的宋诗特征：

次韵答叶星期

吞灰饮醋共君醒，石甕犹存野史亭。

开阁未闻翘士馆，勒铭终愧少微星。

人从落叶堆边去，山在斜阳短处青。
路绝樵苏横略彴，双扉如铁镇长扃。

集饮水生草堂分韵（其二）

新茶活火斗松声，石鼎铜瓶对短檠。
泼剌鱼跳星影乱，周遮鸟语树头清。
眼前俗物憎应死，画里名山看欲生。
爱杀辋川风景好，相将直合此中行。

同舜江黄晦木宁都曾止山饮西园次晦木留别韵

长昼摊书转木阴，揭来好友共登临。
不将名字依刘表，合有溪山着庞禽。
卖屦织帘高士传，绿樽明月故人心。
何年踏浪追潮汐，一梦江头柳十寻。

哭王西樵吏部（其二）

抛官东海隐修鳞，越尾讹传信未真。
赤牍几翻惊入手，寝门一恸竟无因。
香奁词赋尘蛛网，壁垒郊原泣暗磷。
遥想夜台沽酒伴，也应宋玉在东邻。

闻蝉次书升韵

夏蝉不停声，聒声喧尘境。秋蝉鸣凄怆，声与愁俱永。
而我最怜渠，老树叫孤影。污浊嗤寒号，强武逊怒黾。

物情牵游思,呼童具舴艋。出门任所之,幽意吾自领。
蒹葭秋水明,落日溪山静。泼剌触答筶,朴遬踏机阱。
类彼胶攘徒,昏衢烛谁秉。劳侯真静者,放怀绝町畛。
近哦百篇诗,横拓边幅窘。露浥朝华披,风敧寒箨陨。
空山振鸾啸,雅音正龙笋。长庆得古澹,石湖兼深靓。
揭来广座间,听蝉发清憬。蝉声阅古今,过耳宁复省。
如坐洪炉中,灌以冰雪冷。复如大热时,修绠汲寒井。
感叹成和章,迫促愁畏景。挥汗书一通,字画半斜整。

吴之振推崇江西诗派,认同"点石成金""夺胎换骨""以故为新"。在诗艺实践中,吴之振也喜化用前人诗句。譬如,《种梅第二日得小雨》中的"今朝小雨如酥润"就是化用韩愈"天街小雨润如酥"。《西畴诗老送梅子蚕豆苦笋附以二绝句并乞管城子次韵答之》中"壮时耻学模棱手,老去真同芡实圆",自注是放翁语,放翁即陆游。

对苏轼诗句的化用更频繁,学者张仲谋在《清代文化与浙派诗》一书中,已经举数例说明其诗得力于苏轼诗甚多,在此直接摘取几例:

《岁暮杂咏六首》其三:"岁暮留难住,浑如赴壑蛇。"此出于东坡《守岁》诗:"欲观垂尽岁,有似幽壑蛇。修鳞半已没,去意谁能遮。"《次宿支硎梅丈山居韵》:"点点村墟散暮鸦,漫寻牛矢觅人家。"下句出于苏轼诗《被酒独行,遍至子云、威、徽、先觉四黎之舍》其一:"半醒半醉问诸黎,竹刺藤梢步步迷。但寻牛矢觅归路,家在牛栏西复西。"《益斋许过黄叶村庄仍次前韵奉速》："好携天姥峰头月,来种河阳县里花。"句法出于苏轼《惠山谒钱道人烹小龙团登绝顶望太湖》"独携天上小团月,来试人间第二泉"。

既然自称是江西社里人,自然少不了学黄庭坚的诗。吴之振《施愚山大参敬亭绿雪走笔奉酬得十绝句》有："痴儿未办公家事,洗脚关门隐几时。"《次韵送鉴微上人入山》其二："息壤鸥盟在,心期未许寒。"这两句都出自黄庭坚《登快阁》："痴儿了却公家事,快阁东西倚晚晴。落木千山天远大,澄江一道月分明。朱弦已为佳人绝,青眼聊因美酒横。万里归船弄长笛,此心吾与白鸥盟。"吴之振《益斋许过黄叶村庄仍次前韵奉速》："恶客难麈眼着沙,君如过饮欲倾家。"自注出自黄庭坚诗句"欲倾家以继酌"。在《以甘露饼馈沈达苍三叠岘字韵》自注"用涪翁语意"。

吴之振宗宋态度鲜明,却没有画地为牢,他是比较通达的,正如叶燮所言,吴之振似宋而不专宋,善于变化。他的某些诗句确实显得"功于心计",不过也创作了大量接地气的竹枝词,这些诗歌的语言则明白晓畅,且在诗中引入俚语、谚语。更可贵的是,他在描写民风民俗时,不仅投注艺术欣赏的眼光,还时常展现同情和体认的态度。

吴之振当年在京师漫步长安街,开阔了眼界,也丰富了自己的创作内容。他写下《斗鹌鹑》《水车》《斗纸牌》《土地庙集》《铁哨子》《狮子猫》《唱秧歌》《煤黑子》等三十三首反映北京民风、民俗的组诗,被诗论家誉为"诗化的清明上河图"。

土地庙集

月月逢三聚货郎,社神冷艳看人忙。
锥刀利尽轰腾散,不爇神炉一炷香。

煤黑子

驱策寒骡蹴晓霜,万家烟火仰输将。
功成辛苦甘鲎黑,饱食输他白面郎。

琉璃厂

崔巍凤阙映红霞,古木笼烟噪暮鸦。
不是璃璃烧五色,如何妆点帝王家。

打花鼓

盘旋故作转身看,鼓擂中央似跳丸。
博得当场人喝彩,朱门谁为减盘飧。

在往返京师的路上,诗人目之所及皆能入诗,吴之振写下《常州歌》八首、《行船号子》四章,充满了新鲜感和生命力。这些诗语言平白如话,妇孺皆易晓,颇有白居易的风格。

常州歌八首(其一)

下车容易上车难,水到田头渐渐干。
莫惮苦辛齐着力,十分收得总输官。

常州歌（其二）

早唤儿孙上垅头，一车十轴数难周。
阿爷不吃闲常饭，充作长年到晚休。

（自注：吴俗呼佣为长年。）

常州歌（其七）

垂杨筛日水痕低，黄稗青青与稻齐。
昨夜倾盆牛脚雨，谁知只在此村西。

（自注：谚云夏雨分牛。）

从自注中可见，除了平白朴实的语言，吴之振还在诗中加入俗语、谚语，如话家常。《常州歌》八章是吴之振专为农夫所作的，他说："余为作《常州歌》八章，述其终夏卒瘏，不敢懒偷，慰以收获伊迩，无萌尤怨。欲使易为传诵，故辞句近于鄙俚，庶几采风者一留意焉。"

吴之振第一次从京师回来，舟行至天津附近，他听见北方男子"打号子"，一夫唱字，群夫和声，声音朴实粗犷，酣喧径率，和家乡的婉转吴歌相去甚远。吴之振感到新奇，仔细聆听，写下《行舩号子》四章。

行船号子（其一）

春涨方生未没篙，冰棱初解利如刀。
船头套子才撑过，沙嘴横斜舵阁牢。

（自注：舟人呼沙涡盘旋处为套子。）

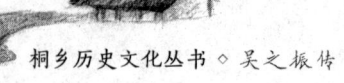

绝意仕途以后,吴之振在黄叶村庄逍遥地过着隐居的生活。在村居生活中,他写诗作画,听曲赏音,花开便看,有酒便饮,对民俗民生也有细致的关切。《清史列传》道:"康熙初年,山林诗,之振最有名。"杨际昌《国朝诗话》云:"康熙间,山林诗,石门吴孟举之振最有名。《黄叶村庄诗集》寝食宋人,五言古体《黄河夫》篇,直追少陵矣。近体工写景,七言绝句尤足自张一军。"

过东庄看梅(其一)

迤逦东庄路,春风黑板桥。
前溪通竹树,比户足渔樵。
谷口风犹在,南阳兴未遥。
青鞋从此办,不独为花朝。

牡丹杂咏(其二)

簇簇青帘卖酒家,村村鸡犬护桑麻。
矮桥小径萦纤处,偏种名花占物华。

次东阳侄春日杂咏韵(其二)

鱼淰方塘静且涟,刺船渔父早贪缘。
换书人挈笼鹅至,乞米僧随放鹤还。
自有津梁开晚进,肯将训诂误前贤。
山空月白飞双瀑,不落匡庐第二泉。

次松阳张明府见怀原韵

吴山越水莽苍苍，土俗民风便各方。
野蕈入厨羹玉糁，湿薪照屋热松黄。
溪山遮眼诗逾好，风雨怀人意自长。
冻压官梅迟驿使，鱼鳞六六恰成行。

村居杂咏十三首（其九）

乍凉忽复暖，十月未陨霜。
初日淡桑柘，野渡烟苍茫。
筑场如镜平，人家晒稻忙。
磨声转轻雷，摩腹博饦香。
农事都可记，村居意味长。

吴之振是土生土长的石门县人，熟谙乡邦农事，他有一诗，展现江南人家的农忙生活，读来亲切，且通篇全用谚语，很有特点。

花翁以农桑为业种花其余事耳三叠前韵归之于正读者弗以杀风景诮之也

大麦剥穗茅针秧，海蛳烧酒新茶香。
桑阴啼鸟日舒长，黄蜂绿蚁争假王。
花须鄂不群趋扛，落红狼藉满路旁。
游尘离杳污草堂，粪除又费两日忙。
雪白官纸糊蚕房，野蔷薇插门檐芳。

阿婆把蚕懒梳妆,胥吏不敢窥村庄。
家家户户拘阴阳,突如茧簇白间黄。
阿囝逃学镇日狂,剪箬里粽坚且刚。
大团小团打伯强,缫丝咿哑坐两廊。
小姑厌胜茧缚囊,东南蚕室谨盖藏。
预祝稻堆高出墙。

(自注:大麦茅针、海蛳烧酒,皆农家立夏日所啖。)

养蚕是石门县农民的一项重要生产活动,吴之振虽是富家子弟,但对农事非常熟悉,他曾做《课蚕词》十六首,农家养蚕的俗情细事之中,有辛劳,有快乐,有温情。杨际昌《国朝诗话》又称:"《课蚕词》十六首,描写风俗,应推绝唱。"吴之振的十六首《课蚕诗》可以说是他诗作艺术的最高展现。

课蚕诗十六首

趁闲结拜去烧香,过了清明日日忙。
阿囝今年新上学,十钱担里买文昌。

孤虚旺相验蚕符,浴种还嫌风色粗。
记取东南蚕室利,算来把火是三姑。

(自注:术家先期馈蚕符,有大姑、二姑、三姑把蚕之别;为丰俭之验。)

火盆低簇半温凉,晴日融和暖透窗。
舍下秀才蒙上考,颁来官纸白如霜。

（自注：俗以官给纸糊窗,蚕必大利。）

三日晴和两日阴,初生蚕子细如针。
家家禁忌行人绝,吠犬鸣鸡亦断音。

桑叶团团蚕二眠,暄凉饥饱要心坚。
白头巫媪谈休咎,消息今年胜旧年。

芹菜泥干燕乳儿,鲤鱼风动柳飞丝。
交皆绕屋啼桑扈,正是吴蚕出火时。

（自注：蚕三眠须凉爽,去火盆,故俗名三眠为"出火"。）

三起三眠日夜忙,早蚕将熟恰清凉。
争传叶价俄腾贵,两桨如飞去采桑。

食叶移筐捷若风,蜿蜒头角宛如龙。
叮咛小妇休传语,速买豚蹄谢五通。

（自注：龙蚕头生两角,较常蚕大三四倍,作茧如瓮。）

蒻苗裹棕翠弯环,高簇山盆蚕上山。
社肉分携邻舍散,荻帘支枕片时闲。

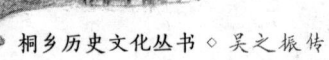

香暖蔷薇簇簇花，沿村比户响缫车。
辛勤一月离妆镜，也折斜枝插鬓鸦。

并头帜帜两绸缪，简出同功各笼收。
雪白吴绵轻且暖，御冬不羡紫貂裘。
（自注：两蚕并作一茧，谓之"同功茧"，丝理紊乱，但可制绵，不得缫丝。"愿作同功茧，生死不相离。见《懊侬歌》。）

西商几队出长安，刮台红旗插羽翰。
最喜年来丝价好，京槽小颗尽完官。

下路桑枝着地低，杭城都用采桑梯。
算来总是三吴地，物土相宜已不齐。

出茧新蛾胜粉搓，翩翻接翅关双蝶。
小姑偷向傍人问，赢得房栊语笑多。

麦收蚕熟百无忧，酒酽茶香挽客留。
底用催科恼官府，八分秋税已过头。

稀稀密密散珠霏，白晕中央黑点微。
瀹雪压盐终不死，几经煅炼出生机。
（自注：蛾生子，纸上斑剥如云霞，冬间用盐卤渍一二日，复置大雪中，压之，悬屋梁风干。否则，先春发生无用矣。）

吴之振到老仍好宋诗，晚年作《论诗偶成》，较为系统地总结了自己的诗学主张。丙子季冬，吴之振的卧室起大火，一行鬼门关后，世事不复罩眼，心境更加淡泊。人生态度如此，诗风也变得愈发平和。

再作绝句二首（其一）

插架编篱枳橘香，蔬青芥白野蒿黄。
卅年种菜缘何事，真味今朝得饱尝。

吴之振喜欢赏花，少年看花兴致高昂，老来看花却凄凄切切，颇多今昔之叹。在《题宝芝画扇》一诗中自注：五年前曾与无党九里塘看牡丹，各赋七古，其压强字韵绝妙，又次予绝句韵十首。转眼间无党已修文天上，其绝句稿遍不可得，可叹也。

饮花下有感

十年前记看花至，耆旧当筵兴转豪。
关彩棋声惊膇脾，飞觞酒政肃旌旄。
高阡久已吹荒草，秃顶何烦叹二毛。
今日看花重结伴，夕阳回首倍萧骚。

（自注：曾同钟玉行大参花下豪饮。）

年龄渐长，曾经的许多好友已经修文天上，又无心力结识新友。吴之振晚年作诗，时常感到孤寂。人老了，诗也老了，诗艺精进而时作颓唐模样。

感怀绝句七首(其三)

有月无花还冷落,有花无月欠精神。

花残月暗虚堂里,一盏油灯伴老人。

第十章　懒闻时事只题诗，生死幻化归空无

一

笼统地说，吴之振早年与同县吕留良及高中旦、黄宗羲、黄宗炎等浙东文人联系密切。中年时，他的交际圈扩大，结交僧人、道士，还结识了李良年、周士仪、曾灿、梁佩兰、查慎行等文人名士。中年以后，吴之振与苏州文人学士的交往愈发亲密。他与苏州顾汧成为儿女亲家；1686年，拜访老友叶燮的二弃草堂，诗酒唱和。1693年，吴之振又与时任江苏巡抚的宋荦交好。五十七岁时，吴之振遭遇了一场大火灾，险些命丧黄泉。年龄渐长，又经历了生死之难，他的心态变得越来越平和。晚年，吴之振与劳之辨、吴震方比邻而居，互相作伴。康熙五十六年丁酉（1717），吴之振过世，寿七十有八。

康熙二十五年丙寅（1686），吴之振四十七岁，这一年他受叶燮之邀，前往苏州，造访叶燮隐居的二弃草堂。

叶燮（1627—1703），字星期，号巳畦。苏州吴江人，清初诗人、诗论家。晚年定居横山，世称横山先生。著有诗论《原诗》，讲星土之学的《江南星野辨》和诗文集《巳畦集》。

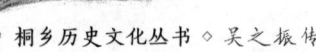

叶燮出生在书香之家，父亲叶绍袁是晚明文坛重要作家，母亲沈宜修则是明末杰出的女诗人。在这样的家庭氛围下，叶燮也是少年高才，长工诗文。他曾以浙江嘉善学籍补诸生，举进士第，后任江苏宝应知县。

不过叶燮在仕途上没有什么发展，他为人清高、耿直，做知县不久之后，就得罪了当时的江苏巡抚慕天颜，被借故落职了。从此，叶燮绝意仕途，纵游海内名胜。他也不愿意再回老家吴江，就在横山买了几亩地，造了几间房，隐居起来，诵经撰述，设馆授徒。

朋友之间总有相似的地方，吴之振绝意仕途，就取苏东坡诗句中的归棹之意，造了"黄叶村庄"。叶燮也隐居了，他把隐居处取名为"二弃草堂"，意取鲍照诗"君平独寂寞，身世两相弃"，太白诗"君平既弃世，世亦弃君平"。世既弃我，我亦弃世。

此时，吴之振和叶燮相识大致已有三十多年了。叶燮在《四叠韵别孟举》回忆到"昔逢君年十五六"，可见，两人初见还要追溯到吴之振十五六岁，也即1655年左右。

那时，叶燮与妻子过着自耕自食的清贫生活。为了生计的需要，叶燮有时得离开家，外出谋生。他谋生的方式是出去当私塾老师，旧时称为坐馆。叶燮前后曾在苏州本地以及海盐、石门等地做过多年的坐馆先生。就是在石门钟静远家当坐馆先生时，叶燮认识了吴之振。

早年，吴之振和叶燮的交往不多，但是这位坐馆先生给他留下了深刻的印象，几年后，吴之振在《次韵答叶星期》自注："二十年前于钟静远斋中听先生鼓琴。"二十多年过去了，吴之振都还会想起来,曾经在钟静远家听过叶燮先生鼓琴。

中年以后,吴之振和叶燮相交变得频繁起来,去苏州,时常要找叶燮。在《谢静远寄银酒盏》中写到"哦诗花下饶新句,结袜尊前有故人",并自注"已畦先生",从两人唱和的诗辞来看,关系匪浅。昔日杜甫"结交皆老苍",吴之振的很多朋友年龄也比他大,叶燮就比吴之振大了十三岁。但年龄差距没有给他们带来交流上的隔阂,两人志趣相投,可谓一生的挚友。叶燮后来还为吴之振写了《黄叶村庄诗集序》,也为专门记录吴之振义举的《州泉积善录》作序,关系可见一斑。

叶燮曾到访过黄叶村庄,当时吴之振连日感寒,身体不适,但两人仍有好几首唱和之作。在送别叶燮时,吴之振依依不舍,言"老去贫交难聚首,眼前生客怕输心"。得一知己是很可贵,面临与旧友的离别,他很是感慨。送别时,吴之振知道叶燮日子过得清贫,就赠予了度岁之资。虽说吴之振向来慷慨,也看得出,他们俩的关系实在是很好。

叶燮对吴之振也很感念,在梁药亭面前,还提起过这个朋友,夸赞他是"语溪豪宕人,肝肠雪霜白"。后来,梁药亭在诗中提起这件事。当面夸人有客套的嫌疑,背后夸人,却是很真挚的。

叶燮不止一次去过黄叶村庄,吴之振却还是第一次来二弃草堂。这次又能和好友叙旧,吴之振心里自然很高兴。而且,听说这次雅集来的都是当世的名流文士,到时,新知旧雨齐聚一堂,品酒赋诗,陶然世外,一定很自在。

1686年九月初八,吴之振到达二弃草堂。

吴之振心情大好,要见挚友也很激动,未进草堂大门便大

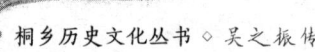

声狂呼,疾步径直上前。走近二弃草堂,吴之振看见老友叶燮在堂前做了一番布置,不奢华但很巧妙:

一棵老柳树,杨柳依依,清新从容。门口叠石成趣,给草堂增添了几分活泼灵动。主人还种植了一些花草,细蕊清芬。草堂旁有一个小池子,池子里有鹅、有鸭,它们在水里一扑腾,涟漪便一圈一圈地荡漾开去。

主人叶燮在屋内听闻吴之振的声音,忙来迎接,两人自是寒暄一番。

吴之振走进二弃草堂一看,许多人都已经到了,仔细一瞧,其中一半都是江浙文人,江南人文渊薮。来者有谁?林西仲,进士及第,官徽州府通判,著作很多,其中《庄子因》《古文析义》特别有名;严武伯,师从钱谦益,人谓有燕赵侠士之风,着有《严白云诗集》;好友沈客子也在列,毛奇龄以"才子"目之,有《学古堂诗集》等;金亦陶,苏州有名的藏书家、刻书家,能诗善画;项东井也在,他当年还帮忙画了《黄叶村庄图》呢……座中诸位,尽是当世风流人士。

吴之振是客,便从西阶上,入了座。

入座以后,一群人便开始谈天、喝酒,对于喝酒,吴之振从来都是"酒虽小户不须辞",酒量如何且不论,但总归是很豪爽,不推辞。在座之人都兴趣相投,吴之振戏语"所喜臭味合,君云我亦云"。酒到微醺时,话语交锋,你来我往,喧喧呶呶,甚是痛快。

文人聚集,免不了要饮酒赋诗,切磋诗艺,他们有自己的"游戏规则"。

诗歌是韵文,作诗限韵是最为常见的游戏规则。几种常见的形式是分韵、限韵、次韵。简单地说,分韵就是先由一人设定某些字为韵,然后让众人采取抓阄的方式取得韵,再依韵成诗;限韵则是限用某一个韵部内的字为韵,有时还会用诗人某一首诗中的韵赋诗;次韵即和韵,是依据原韵的赓和,诗题中常以"次某韵"或"和某韵"表示出来。

对诗人们来说,这样的作诗游戏在角奇争胜的时候,既彰显了各自的风雅才俊,又促进了彼此情感交流,是他们都很喜欢的。

这一次二弃草堂的雅聚,他们规定用韩愈《醉赠张秘书》的韵作诗。规则一出,大家便纷纷作诗。吴之振和叶燮也分别作诗。

文人雅集的主要目的是以文会友,诗酒酬唱,所以集会多选在风景优美之山川、湖泊或园林,活动时可同时欣赏人间胜景。这样,不仅自己作诗,也置身在诗意之中。

雅集二弃草堂的第二日,恰逢重阳佳节,众人便一同去登草堂附近的楞伽山。

酒过半巡,吴之振却迟迟未到,大家都不知他去哪里了。

夜幕降临,疏星点点之时,见吴之振泛舟石湖,悠悠而至。

众人见吴之振才到,忙问:"孟举兄,为何姗姗来迟呀?"

吴之振哈哈大笑,答:"去阊门买些东西!"众人皆笑。

阊门是苏州最热闹繁华的地方,当年唐伯虎就常去阊门游赏,登酒楼,上街市,入青楼。那里人烟稠密,丝竹讴舞与市声相杂。游山之舫,载妓之舟,鱼贯于绿波朱阁之间,光彩耀目。

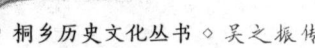

来苏州的文人骚客,定要去阊门看一看。

吴之振一到,场面便更加热闹起来。他在聚会中一定是那个特别能活跃气氛的人物。他未到时,人人都清醒着;一来,一个个都醉了。叶燮有诗记之:"更长烛明夜冥冥,吴生不来坐客醒。鸟啼花翻吴生至,满堂词客心俱醉。"

喝了酒,众人文思泉涌,诗兴大发。于是,又开始限韵作诗。因恰逢重阳佳节来登楞伽山,故用韩愈《城南登高》韵。雅集之人才气很高,佳句信手拈来,吴之振也作《九日登楞伽山用昌黎城南登高韵》。

其实,诗人们限韵作诗,切磋技艺,倒并不是非要争出个高下来,对诗人来说,"诗"就像博弈的玩具,找一处闲适地,超然高蹈,远离世俗,几位志趣相投的朋友一起制定游戏规则,一起作诗,为的就是你来我往之间获得的乐趣。这是限于文人间的游戏,到底是为了开心而已。

吴之振就很开心,开心得根本不想回家去,已经在盘算下一次的相聚了,"后会知何时,执手语郑重"。

文人雅集,通过各自赋诗,酬答唱和来获得精神享受、快乐体验。而听琴、听曲带来的愉悦则更加快速直接。

明清时期,文人听曲,在形式和风格上都求精求雅,对乐曲的审美要求很高。它是士人风雅生活的一部分,作为精神上的消遣,常和诗酒宴饮联系在一起。

这次的雅集,叶燮便安排了听曲、观杂剧的活动。这正合吴之振的心意,这个活动他是很喜欢的,黄叶村庄里就养有家班,名"玉笋班",叶燮还看过他的家班演出。

当天，吴之振喝酒喝到一半，悠扬婉转的乐声乘着清风而来。周围的说话声渐渐稀疏了，只听得凤箫声动，玉珠走盘。突然，声音又变得急促、高亢起来，听得人酣畅淋漓，好不痛快！

诗人天生敏感，当他们的情绪被曲调拨动，内心起波澜时，就写诗记录下来。

唐朝时，白居易曾经这样说："大弦嘈嘈如急雨，小弦切切如私语。嘈嘈切切错杂弹，大珠小珠落玉盘。"

韩愈曾这样说："昵昵儿女语，恩怨相尔汝。划然变轩昂，勇士赴敌场。"

此时，吴之振说："絮语韵寒蛩，刺切出败莝。突如铙吹沸，蹴踏旌旄纵。旗仆金鼓烟，归骑忽倥偬。碌砢襄阳擂，掉尾声转重。"

二

吴之振很喜欢苏州，经常去苏州游玩，晚年尤甚。

江南自古以来便是水网密布的地区，明清时期，江南的士大夫、富豪官吏们乃至普通民众逐步崇尚乘船休闲。苏州离石门近，乘船不多久就能到，不必苦旅。

泛舟，是吴之振很喜欢的交通方式。文人才思敏捷而富有创造力，一到舟中就可与水为伴，见途中河水悠悠，柔山软水，产生出欣赏自然、适情悦性的审美情感，忘却了许多纷繁。吴之振在某次乘船去苏州时，就说"此处不容名利想，眼追双鹜定寻诗"，悠闲自若。

不但如此，在泛舟赏景时，还可以欣赏戏曲歌舞。那时，较为流行的休闲方式便是在游船上欣赏戏曲演出。船舫上，私人戏班或职业戏班会进行演出。有的是在私人游船上专门为一小部分人演；也有的是在一种戏船上演出，这种演出形式相对比较开放，观众更多。

舟中放歌，是美的体验。吴之振有诗《舟中口号次韵》，描写的就是他乘船去苏州，载妓舟中，到夕阳西下时，歌姬开始演唱。歌姬名叫陈凤，色艺俱绝伦，吴之振夸赞她"歌喉直似明珠滑，唱彻终宵调转高"。

苏州，不管是自然风景还是人文内涵，都和吴之振的家乡石门很相近，这种相似性给予人亲切感。苏州经济条件好，人文氛围也很浓厚。吴之振在苏州有很多文人朋友，俞南史、冯方寅、林天友、顾樵、尤侗、叶燮、顾汧等。吴之振就曾在苏州和曹寅见过面。曹寅是康熙朝名臣，据说是曹雪芹的爷爷，精通诗词、戏曲和书法。

吴之振那一次的苏州之行，在船上听了歌姬陈凤的演唱，之后还和苏州的经学家惠元龙见了面。

惠元龙就是惠周惕，号红豆主人。惠氏一族四代人，学有渊源，承续不断。

清初经学有一重要派别，即吴派。吴派的形成和壮大可以说是惠氏家学几代人的智慧传承和积淀。惠氏家学从明末惠有声开始发展起来，惠有声隐居不仕，教授生徒，作《左传补注》。惠有声之子惠周惕，继承父学，精益求精，有《易传》《诗说》《三礼问》《春秋问》等。到后来，惠周惕之子惠士奇，大力提倡经学,使吴派经学走出江南,由惠姓传及他姓。惠士奇次子惠栋,学者称小红豆先生,也是吴派最重要的精英人物。

和吴之振有交往的这位先生是惠元龙。吴之振对他的学问很敬佩,自己平时会读惠元龙的诗,"石磴藤阴容偃蹇,一编细嚼惠郇诗"等。见面时,吴之振和惠元龙次韵相酬,写下《次惠元龙红豆书屋图韵》。诗中,吴之振还将自己的黄叶村庄和惠元龙的红豆书屋作比较,写到"两家画卷相区别,输我涟漪水百弓"。对自己的黄叶村庄,吴之振还是很满意的。

由此也可以看出吴之振交友的广泛。他不仅和诗人、画家交往,还和僧人、道士、歌姬、政治人物、经学家交往。他在交友方面的包容度,倒是和他喜欢的苏轼很相似。

吴之振还和苏州的顾沔做了儿女亲家,吴之振的长子吴宝林娶了顾沔的女儿。

在关注吴之振交友圈的时候,很容易发现,他的交际圈很大程度上是"熟人社会",他的朋友之间,大多也互有往来。"熟人社会"的形成主要基于地缘毗连、师生关系、姻亲网络三大因素。地域毗连是天然形成的,虽然不可忽视,但与之对比,具备社会属性的师承关系和姻亲网络,对交际圈的拓展更有影响。因为师生、姻亲关系都是人为选择的。特别是对儿女姻亲的安排,更是自身成年以后主动选择的社会关系。对古人来说,门当户对是最适合的婚姻。姻亲关系带来的绝不仅仅是一对夫妇婚姻上的相处,还带来了家族亲友间文化层次、品味兴趣的亲密交流。

吴之振的亲家顾沔本身就是苏州的名人,在苏州的文人圈中很有影响。

顾汧二十七岁时考中康熙癸丑科二甲第一名进士，历任礼部右侍郎、河南巡抚等官。返回故里后，就在老宅附近购得宅第，建造凤池园。凤池园中石径逶迤，梧桐荫布，野卉芬芳。顾汧在凤池园享受了山水之乐，也吸引四方名士到此宴游雅集。吴之振去苏州，就多次到访了亲家公的凤池园，曾写下《集顾芝严侍郎凤池园叠前韵二首》《凤池园杂咏十二首》等诗作。

当时的江苏巡抚宋荦也是造访凤池园的名流之一。顾汧是苏州人，但在宋荦的家乡河南当巡抚；宋荦是河南商丘人，却在苏州当江苏巡抚。两人之间的这种有趣的对应关系很可能成为加深彼此交往的纽带。

宋荦和吴之振也有交情，并不是说两人一定是通过顾汧引见的。但可以肯定，吴之振通过和顾汧的姻亲关系，必然会拓展自己的交际圈，特别是在苏州，这应该也是吴之振晚年和苏州文人交往尤其密切的重要原因之一。顺带一提，吴之振自己的两位小妾，苏氏和李氏也都是苏州人。

总之，姻亲结盟具有很强的渗透力与延展力，有了姻亲关系，世家间的血脉亲缘、人文精神会更为紧密。

上文提到的宋荦（1634—1714），字牧仲，号漫堂、西陂、绵津山人，晚号西陂老人、西陂放鸭翁。十四岁应诏以大臣子列侍卫，康熙三年（1664）被授予湖广黄州通判，累擢江苏巡抚，曾被康熙帝誉为"清廉为天下巡抚第一"，著有《西陂类稿》《漫堂说诗》。

吴之振和宋荦有过文字之交，宋荦曾两次给吴之振寄信，吴之振对宋荦的为人也十分敬仰。但两人未曾见面，宋荦的长子宋基倒是已经访过黄叶村庄。

苏州很美，吴之振坦言"故乡无此好湖山"。康熙三十二年癸酉（1693），吴之振再次乘船来苏州。这次去苏州，他选好了时机，打算去赏梅。

这回来苏州，吴之振终于和宋荦见面了。这一年，是宋荦当江苏巡抚的第二年。两人相聚这天恰逢花朝日。

花朝日是一个重要的传统节日，南宋吴自牧《梦粱录》中言："仲春十五日为花朝节，浙间风俗以为春序正中、百花争放之时，最堪游赏。"

花朝节这天，人们要游玩赏花。吴之振特别喜欢花，黄叶村庄种了不少，平日里也总是外出看梅花、看牡丹、看菊花，写诗也要咏牡丹、咏梅花。他太喜欢花了，这样的节日他自然是兴致勃勃，打算在花朝日这天，让宋荦带他去苏州的元墓山赏梅。

元墓山本名玄墓山，为避康熙皇帝玄烨之名讳，改为元墓山。元墓山上，梅树成林。一到初春，暗香浮动，一眼望去，山上梅花如积雪。明代陈子升有诗："诸天恣花供，大地成香席。"高攀龙言"元墓梅万树，兹游岂当徐"。花朝日去元墓山探梅，历来是本地一大习俗，也是文人墨客聚会的雅举。

吴之振这次赶着花朝日来苏州，可惜的是，那日风雨交加，不能外出。吴之振特别遗憾，觉得是自己辜负了梅花，写下"辜负梅花信，终身抱此惭"。他感到很遗憾，自从两年前和顾汧三宿在珍珠坞，之后每一次兴之所至要去看梅，总是会被风雨阻挡。

梅花是看不成了，宋荦就请吴之振留在自己的署斋喝酒。

席中，吴之振喜晤宋荦门客邵长衡、次子宋至。邵长衡是才子，康熙间游京师，与诸名士交，工古文，与侯方域、魏禧有品足之称，他为《州泉积善录》作了序。宋至是宋荦次子，诗人、藏书家，后来还去过黄叶村庄，写下《过吴孟举黄叶村庄》。

在风雨花朝日能和宋荦、宋至、邵长衡一起喝酒，倒也是一件美事，吴之振心里宽慰了许多，打消了没看到梅花的遗憾。

吴之振没看到梅花，倒是去宋荦的后园欣赏了一番。春半，园内不知名的野花开了，柳絮纷飞，小池里有浮萍、鸳鸯和水鸭。会心处不必在远，翳然林木，便自有濠、濮间想。再走到宋荦的深静轩一看，静而不哗，窗外竹树萧萧，"深静轩"名副其实。这位巡抚大人以清廉著称，屋内的布置朴素典雅，吴之振为之肃然。

那次见面以后，吴之振和宋荦一直保持着友谊，两人时有唱和之作，吴之振曾作《和漫堂怀西湖次东坡元韵》《和漫堂中丞六境图咏次元韵》等诗。

题画也是文人交往的常见活动，对诗人来说，画作为诗歌提供了更丰富的题材和更广阔的领域，而对画家和藏画之人来说，经过名家诗作的题咏，画作得到褒扬和宣传，也能提高画作的知名度和价值。吴之振在当时的知名度较大，宋荦对其文采也很是欣赏，曾请吴之振题画《松溪洗研图》《鱼麦图》。

两人相识时，吴之振五十四岁，宋荦六十岁，都已垂老。但自相识以后，一直保持着交往。晚年，吴之振心态淡然，有意闭门谢客，但吴之振诗集的最后一卷，还有宋荦的出现，可见两人交情之笃。

慷慨如吴之振,跟宋荦关系又这样好,必定也送过他一些东西吧?是啊,曾以文三桥砚奉赠。文三桥,文徵明长子,名家,工书画,尤精篆刻。

禹之鼎绘吴之振像

三

康熙十八年己未(1679)岁暮,这一天,吴之振很惆怅,站在四十岁的尾巴上,他突然感受到自己的衰老,这是他第一次有这样的想法。他拿起扫帚,扫了扫黄叶村庄的落叶,听落叶发出窸窸窣窣的声音。

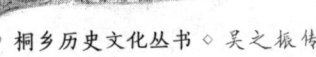

历史上很多人在四十岁以前就已经死了。贾谊少年天才，三十三岁忧郁而亡。李贺愁苦多病，二十七岁与世长辞。王勃聪敏好学，可惜只活了二十六岁。骠骑将军霍去病二十三岁就英年早逝。

此时，吴之振昔日的好友董雨舟、王士禄、吴自牧都已撒手人寰。想到这些，他心里愈发感到萧疏。四十岁的最后一天，他写下"渐成老态依铜镊，漫学儿嬉辊雪灯"。

但四十岁毕竟还不能算苍老，吴之振的感叹也只是岁暮的"临时起意"。第二天元旦，看着"农家自有闲家具，蜡燕丝鸡事事新"，他被过年的欢快气氛包围着，又恢复了以往的活力。

不过，那以后，吴之振的诗中就多了"老去年华似日晡"这样的句子，他也变得更加感旧，有时会发出些死生聚散的今昔之感来。

康熙二十二年癸亥（1683），吴之振到南郭斗庵游玩。二十年前，他曾在斗庵的墙壁上题诗，这次前来，本想找找自己题的诗，却发现连墙壁都已经不存在了，吴之振心里有些感伤。不过，庵中老僧把二十年前吴之振题的诗抄录了下来，还珍惜地收藏于一个小箱子里。老僧见吴之振来了，就拿出残纸，吴之振很感动，又将自己的旧诗重新题到了斗庵的墙壁之上。

日子就这样慢慢悠悠地流淌着。他种菊观竹，写诗作画，月下赏曲。有人来访便宴游唱和，花开便赏，有酒便饮。有时乘船去趟苏州，看看美景，与老友叙旧。虽然与政坛划清界限，但他对地方事务十分热心，博施济众。不做公仆，却可以做一个关心公务的百姓。

人们都朴实地相信好人有好报，相信积善之家必有余庆。吴之振多行善事，一直以来，日子也过得富贵平顺。但命运就是不讲情分，有些事突如其来，当头一棒。

康熙三十五年丙子（1696年），吴之振的卧房遭遇了一场大火。

吴景淳在《黄叶村庄诗续集》的序中写到，吴之振在"丙子季冬"遇了火灾。至于发生的地点到底是黄叶村庄还是横街守愚堂没有明说。

劳之辨《静观堂诗集卷十三》收录了从乙亥（1695）秋至丙子（1696）年间的诗。这卷诗中，劳之辨写了《吴孟举惠鲜荔子十余枚时七月十三日二首》《福严寺访祖良上人二首》等诗，可见，这段时间劳之辨身在石门而非他乡为宦。吴之振也在1696年写诗《次书升送韵栗严廷尉给假省墓韵》，1697年又写《次赵伸符太史韵题书升令嗣摩顶诗册子》，题中的书升就是劳之辨。两相对照，可以确定，1696年秋至1697年的这段时间，劳之辨身在家乡。

《静观堂诗集》中，劳之辨有诗《纪灾》，自注：丙子十二月九日，火发生余屋右，丁丑正月十七日发屋后，二十八日发屋左，五旬内叠见三灾，书以志警。诗中还写到："横宇相连西复东，赤熛三炽五旬中。不辞被发瓔冠救，敢窃焦头烂额功。"

吴之振烧伤后曾写《病中口占》，又紧接着写了《除夕》，想来，这场冬季大火发生的时间应该离除夕夜不远，与劳之辨记录的十二月九日，时间上十分吻合。两人又在横街比户而居，很有可能由于火势凶猛，迅速蔓延，连及两屋。

由此可以大致确定，劳之辨记载的"丙子十二月九日"那场火灾和吴之振所遭遇的"丙子季冬"的火灾应该就是同一场。

这样一来，也就基本可以确定，吴之振是在丙子十二月九日，于守愚堂的卧室遭遇了大火。

五十七岁的吴之振在大火中落魄哀呼，于烈焰中仓皇逃窜。

幸而未死，但老人被大面积灼伤，身体全部溃灼，仅面获全。他连日疼痛难当，病中口占："婢媪旁观语未详，连旬痛楚势难当。去皮割剥同犀兕，登俎煎熬类犬羊。"把被火烧伤的自己类比成被剥皮的犀兕和被煎熬的犬羊，面对这等疼痛，哪还讲什么体面。

吴之振四十岁的时候突发自己已经衰老的念想，但这次火灾以后，他才真真正正地老了。五十七岁这一年，对吴之振来说是难熬的一年，除夕夜，他总结道"从前五十七年过，只有今年恶趣多"，守岁时，他感到一阵惆怅，说道"今夜支床愁不寐，闺人相对话灯光"。

人在直面死亡的瞬间都是哲学家，吴之振到鬼门关转了一圈，体会了一次死亡，自此以后，他对人生就看得很淡很淡了。

从前，吴之振拿着《宋诗钞》奔赴京城，又写《种菜》诗请名流唱和。隐居生活中嘤鸣求友，热于交往，在和名士雅集时，不厌其细地记录时间、地点、人物、分韵情况，凡此种种，他也未尝没有文人传名的意图。

而现在，他却只想再造一间小屋子，读书终老。

小屋子终究是没有新建，但吴之振找了一小房间，专门读书。小房间里一个蒲团，一张榧几，一罐酒，一本书，他不问世事，优游其中。

人往往这样，少时有传名的焦虑，老来又有扬名的烦恼。吴之振名声越来越大，四方车马慕名而至，问字求画。吴之振大都闭门以绝，深悔姓名落于人间。但求文求画的人殆无虚日，他也不想过绝人情，有的也便答应下来了。

有一次，吴景淳在吴之振家中，又遇到前来求诗的人，那客人在厅堂坐了一会儿，有些催促，吴之振便提笔疾书，将人遣去。吴景淳疑心，这会是仓促应付之作，但拿来一看，格律声韵工整和谐，辞句尚有义理。

吴之振的诗越来越好，但他对什么都看淡了，以前笃爱的写诗，现在也想搁置，他自言"病后诸缘尽放空，懒将残句绘春风"。心境改变后，以前的得意之作，现在看来，却觉得太过炫露张扬，几次想要焚弃笔砚。在《甲戌元旦》一诗中又说"知交惊比晨星少，诗卷删同落叶多"。

现在，他对自己的诗作不在乎，不收拾，脱稿便弃，只恨文债压身。

也并非日日愁苦，吴之振的暮年，还是会去苏州，乘着船去，去和顾汧、宋荦聊聊天。某次在苏州，他得到家信，得知自己有曾孙了，开心得不得了，贳酒狂呼。他的交友渐渐凋疏，许多老友已经去世，也无心再去结交什么新朋友。还好和吴震方、劳之辨比邻而居。

吴之振和这两人除了是好友，还是本家、亲戚。人的感情是很微妙的，多了一层亲眷关系，三人的交情也显得更加亲厚。他们三人，年轻时就多有唱和之作，而且，经常在除夕、元旦这种重要的日子相聚。

题吴之振遗像书法一(局部)

题吴之振遗像书法二（局部）

吴之振有诗《次青坛丁卯元旦韵三首》《次青坛庚午除夕韵》《次青坛辛未元旦韵》。这几年的除夕或元旦，吴之振和吴震方在一起。

辛亥除夕，吴之振则和劳之辨在一块。当年，吴之振赴京，借居劳之辨之寓。吴之振写下"故人慰藉原非客，樽酒殷懃不放空"，劳之辨与之赋诗，"樽内酒非燕市酒，座间人是故乡人"。在京城除夕之夜的爆竹声中，两人身居异乡，慨叹不已，幸好座中还有故人作伴。

康熙四十七年戊子（1708），劳之辨在京上疏保奏太子，被皇帝斥为奸诡，命夺官，被刑部打了四十大板后，撤职，逐回原籍。以这种方式回乡，想来这位七十岁的老翁总有些苦楚和尴尬，幸好，也还有吴之振、吴震方作伴。

三人比户而居，吴之振也还会召集他们到黄叶村庄，一起喝酒赋诗。

康熙五十年辛卯（1711）元旦，劳之辨记下《简孟举青坛二翁》，三位七十多岁的老人在新年的第一天又相聚在一起，劳之辨写"残年阴霾愁蕴结，元日曙色喜清酣"，看来，那日心情尚可。

吴之振老了，也不得不面对和儿女的分离。长子吴宝林去滇南做官，多年不得相见。吴之振在《舟行送家口之河津寄示宝林》中写道"五年不见痴儿面，闻说近来半白头"。

人一老，也难免有病缠身，他自述"凉暖酸辛总不安"。

《黄叶村庄诗续集》《黄叶村庄诗后集》所收诗至于1712年，之后的诗，散佚无存。1714年，劳之辨也去世了。

吴之振最后五年的生活不知过得如何，也许会感到有些孤寂，正如他自己曾写的"花残月暗虚堂里，一盏油灯伴老人"。不过，也不必大为伤感，吴之振的妻妾子孙众多，应该还是挺热闹的。

四

康熙五十六年丁酉（1717）二月二十九日，吴之振过世，寿七十有八。同年十月二十六日，劳夫人与吴之振合葬于洲泉之学圩新阡。

吴之振一共娶一妻六妾，共生六子七女，十一个孙子。

吴之振妻子安丘劳氏（1639—1717），劳燮殷之女。安丘，即今崇福镇民利村，现在小地名叫"劳家墙门"。劳夫人比吴之振大一岁，1717年农历二月二十九日，吴之振去世，两个多月后的五月十一日，劳夫人去世。又过了两个月，七月二十四日，吴之振第三妾李氏去世。同年十月初九日，吴之振、劳夫人的长子吴宝林去世。这一年，吴家一连四丧。

劳夫人生了二子、四女。

大儿子吴宝林（1668—1717），字荣期，号存斋，岁贡生，官嵩明州知州，升奉天府治中。娶苏州顾汧之女。顾汧的儿子顾楷仁（1665—1735），字晋裴，号见南，康熙三十九年（1700）进士，官御史。吴之振、劳夫人去世后，其合葬墓志铭就是顾楷仁写的。吴宝林是吴之振的长子，按照吴之振的遗嘱，他死后，黄叶村庄归长房吴宝林所有。

吴宝林有两个儿子。长子吴大成（1684—1753），字集庵。次子吴兰成（1704—1768），字湘佩，号恒斋。赵慎畛（1761—1825），字遵路，湖南人，嘉庆元年（1796）进士，官至云贵总督。《榆巢杂识》卷下有《鹿笿谷藏砚》一则，说此砚："左侧有两印，一黄叶村庄，一兰成。岂庾兰成物耶？"其实，这个兰成，并不是庾兰成（庾信），而是吴兰成。

劳夫人的小儿子吴宝芝（1678—1742），字瑞草，号过庭，官直隶祁州知州。配海宁陈论女，继娶胡氏。陈论，是刘宗周弟子陈之问的儿子，官至刑部侍郎。

劳夫人的四个女儿，长女嫁给陈之问的儿子陈諲。陈諲的儿子陈世修，就是写《黄叶村庄重修记》的那位。次女嫁给海宁沈令式之子沈绪绳。三女嫁给同县方国圻之子方夏士。四女嫁给杭州汪天荣。

吴之振的六个妾，分别为：

嘉兴魏氏（1648—1724），生一子一女，子吴宝庚（1670—1721），女嫁新市汪耀，字远昭，广州通判汪鼐子。吴宝庚四子：吴兰同（1700—1768），吴兰先（1709—1738），吴人龙（1714—1790），吴人凤（1719—1792）。

苏州苏氏（1650—1718），一女，嫁沈汉生，字广臣，康熙四十一年（1702）举人。

苏州李氏（1660—1717），一女。

陈氏（1667—1706），一子，吴宝元（1689—1743），字征始，号松窗。吴宝元一子一女，女嫁大麻徐寿。

王氏（1681—1721）。

王氏（1682—1711）。

以上两位王氏，年纪都比吴之振小了四十多岁，按家谱记载，吴宝伟（1701—1725）、吴宝宁（1707—1730）均为王氏所生，但不知是哪一位王氏。吴宝宁，是吴之振最小的儿子，他出生时，吴之振六十八岁，吴之振的大孙子吴大成也已二十四岁，这是传统社会中特殊的家族状况，所谓"小娘舅大外甥，小阿叔大侄儿"是也。

死亡是每个生命的结局，吴之振死了，顾楷仁为之作墓志，墓志中说他"坦率乐易，不设城府"，"诗、古文辞俱工，书、画艺事如有天授"。

回顾吴之振的一生，我们可以说他的身份是个诗人、画家、士大夫、书法家、爱酒者、琴家、赏花人、隐居者、乡贤，但也许，这些仍不足以勾绘他的全貌。

在评价人物时，我们会被告诫人性的复杂和幽微不是用"好"或"坏"这两个简单的形容词就能概括的，但我们看人最后总逃不过"好"和"坏"这两个形容词，而"好人"是对一个人的最高赞美。我们借着从前的文字，试图拟出吴之振的生平，其中一定会有某些偏差，但我想，吴之振是可以被说成"好人"的。

吴之振在三百年前就已经离世了，他的名字如今也只是三个汉字，但这三个汉字后面的故事和意义值得被更深入地了解。